大美·中国女科学家

Chinese Women Scientists

第一卷

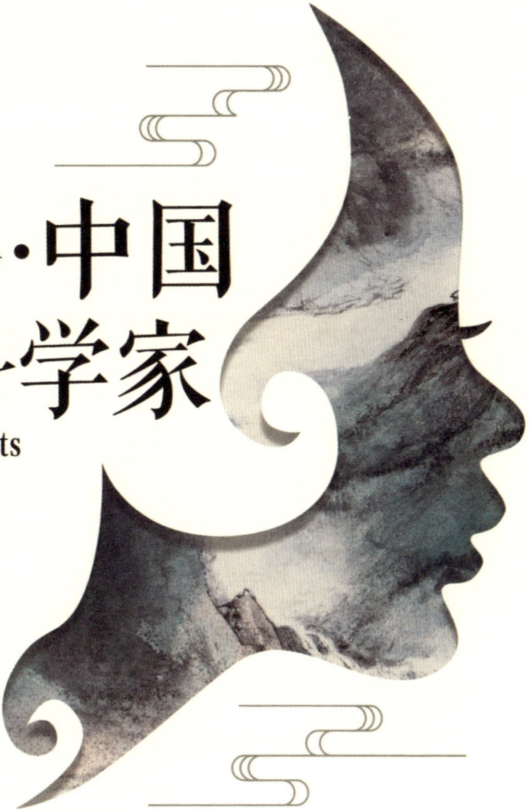

［中国科协常委会女科技工作者专门委员会
中国女科技工作者协会 编］

科学普及出版社
·北 京·

图书在版编目（CIP）数据

大美·中国女科学家 ： 全2册 / 中国科协常委会女科技工作者专门委员会，中国女科技工作者协会编. --北京 ： 科学普及出版社，2019.3
ISBN 978-7-110-09871-4

Ⅰ. ①大… Ⅱ. ①中… ②中… Ⅲ. ①女性—科学家—列传—中国—现代 Ⅳ. ①K826.1

中国版本图书馆CIP数据核字(2018)第272774号

总 策 划 《知识就是力量》杂志社
策划编辑 郭 晶 何郑燕
责任编辑 李银慧
文字编辑 吴秀玲 纪阿黎
美术编辑 胡美岩
封面设计 张 跃
版式设计 胡美岩
责任印制 徐 飞

出　　版 科学普及出版社
发　　行 中国科学技术出版社发行部
地　　址 北京市海淀区中关村南大街16号
邮　　编 100081
发行电话 010-62173865
传　　真 010-62173081
网　　址 http://www.cspbooks.com.cn

开　　本 720mm×1000mm 1/16
字　　数 240千字
印　　张 23.25
版　　次 2019年3月第1版
印　　次 2019年3月第1次印刷
印　　刷 北京盛通印刷股份有限公司
书　　号 ISBN 978-7-110-09871-4 / K·165
定　　价 99.80元（全2册）

（本书参编人员：何郑燕 李银慧 吴秀玲 纪阿黎 马之恒）

出版说明

习近平总书记在中国科学院第十九次院士大会、中国工程院第十四次院士大会上强调“当科学家是无数中国孩子的梦想，我们要让科技工作成为富有吸引力的工作、成为孩子们尊崇向往的职业，给孩子们的梦想插上科技的翅膀，让未来祖国的科技天地群英荟萃，让未来科学的浩瀚星空群星闪耀！”总书记重要指示为激发青少年崇尚科学、探索未知、敢于创新的热情，建设科技强国实现中国梦提供了重要遵循。

时值新中国成立70周年、改革开放40周年、中国科协成立60周年之际，由中国科学技术协会出品，中国科协常委会女科技工作者专门委员会和中国女科技工作者协会统筹策划出版了《大美·中国女科学家》系列丛书，传播科学知识，弘扬科学精神，讴歌中国优秀女科学家，为推动社会主义文化繁荣做出贡献。

《大美·中国女科学家》书名来源于《庄子·知北游》“天地有大美而不言，四时有明法而不议，万物有成理而不说。”“大美”充分展现了中国女科学家追求自主创新、科技报国的科学情怀。

《大美·中国女科学家》系列丛书紧贴时代脉搏，突出女性特色，以“爱国、创新、求实、奉献、协同、育人”六大科学家精神为主线，重点宣传女科学家在报效祖国、潜心钻研方面的感人事迹，竖起一面向青少年宣传科学家精神的旗帜，激发广大青少年的报国情怀、奋斗精神、创造活力。

《大美·中国女科学家》系列丛书计划分批推出，第一卷和第二卷的采编对象主要来源于“诺贝尔科学奖”和“世界杰出女科学家奖”获奖者以及中国科协2018年“百名科学家、百名科技工作者”座谈会部分代表。后续还将陆续推出三至六卷，采编对象范围包括中国科学院院士、中国工程院院士、中国青年科技奖和中国青年女科学家奖获奖者及“百名科学家、百名科技工作者”座谈会代表等。

《大美·中国女科学家》系列丛书以“图书+音频+视频”的方式呈现中国女科学家的风采，读者可扫描书中二维码进入收听与观看。通过多形态呈现，满足广大读者不同梯度的阅读需求，提升阅读体验，扩大传播效果。

编者的话

古往今来，中国历史上曾有许多优秀的女子巾帼不让须眉，除了众所周知的花木兰替父从军、穆桂英挂帅之外，在封建社会走向现代文明社会的漫长历程中，在推动社会进步与科技发展的璀璨星空中，也不断活跃着女性睿智靓丽的身影，比如绘制中国第一幅军事地图的东吴赵夫人、精通天文学和数学的女科学家班昭，乃至中国现代妇产科学奠基人之一的女科学家林巧稚、著名物理学家何泽慧等，一代又一代优秀女性的优良品格及家国情怀，在推动中国社会进步中发挥了不可或缺的重要作用。

党的十八大以来，在以习近平同志为核心的党中央坚强领导下，我国科技创新能力持续提升，获得了许多重要的成果，科技竞争力不断提高。今天，我国的女科技工作者约占全国科技工作者队伍的40%，是我国科技事业和经济社会发展中的重要力量。中共中央总书记、国家主席、中央军委主席习近平同志强调："组织动员妇女走在时代前列，在改革发展稳定第一线建功立业。"《大美·中国女科学家》系列丛书的出版，正是集结了一批在现代作出重大科技贡献的中国女科学家，记录她们的事迹，讲述她们的求学、成长经历、为科研做的努力、为培养新人付出的心血，为中国科技事业发展作出的卓越贡献。希望通过她们的事迹，激发广大读者，尤其是青少年的科学兴趣，点亮科学梦想，走进科学殿堂，实现自己的人生追求。

目录

屠呦呦：青蒿素研究摘取诺贝尔奖

简 介

屠呦呦（1930.12—）浙江宁波人，中国中医科学院终身研究员、首席研究员。现任中国中医科学院青蒿素研究中心主任。

她的主要科学贡献是发现具有独特结构的新化合物青蒿素，对疟疾有高效、速效作用。2011 年获美国拉斯克临床医学奖；2015 年获诺贝尔生理学或医学奖；2016 年获国家最高科学技术奖。

疟疾是由疟原虫引起的烈性传染病，在热带地区很容易威胁人们的生命安全。20 世纪 60 年代，随着美国介入越南战争，能有效医治疟疾的药物在这片疟疾高发的战场上，成为能决定战局走向的战略资源。

为了援助属于同一个阵营的北越，中国着手开发全新的抗疟疾药物。年轻的医者屠呦呦加入了这场发生在特殊年代的攻关。古代医术提供的灵感，配合现代化学和药学的实验手段，使青蒿素横空出世，挽救了许许多多疟疾患者的生命。多年以后，这项研究最终使她摘取了诺贝尔生理学或医学奖的至高荣耀，成为第一位获颁自然科学类诺贝尔奖的中国本土科学家。

走进中医药的世界

2015 年秋天，诺贝尔奖的 6 个奖项依次公布。中国药学家屠呦呦凭借“发现医治疟疾的新疗法”的贡献，与制成阿维菌素的爱尔兰药学家威廉·坎贝尔和日本有机化学家大村智一起，分享了这一年的诺贝尔生理学或医学奖。这是中国人乃至华裔人士第一次获得诺

◎ 屠呦呦（左3）在诺贝尔奖颁奖典礼现场

贝尔奖的这一奖项，也是在中国本土从事研究的科学家第一次获得诺贝尔奖的自然科学类奖项。

在这一天之前，屠呦呦的名字很少为“圈外人”所知。甚至，她在 2011 年 9 月获得被誉为“诺贝尔奖风向标”的拉斯克奖之时，竟然因为没有博士学位、留洋背景和院士头衔，而被一些新闻媒体称为“三无科学家”。但是毫无疑问，她成功发现青蒿素的实绩，远远胜过任何光鲜的头衔与浮名。这种可以有效对抗疟疾的灵药，在问世之后的数十年里，拯救了世界各地千千万万的生命。

屠呦呦的名字，取自《诗经·小雅》中第一首诗《鹿鸣》。先秦时代不知名的作者，将鹿群呼朋引伴分享食物的行为，与人类社会宾主融洽的筵席遥相呼应。“呦呦鹿鸣，食野之苹，我有嘉宾，鼓瑟吹笙……呦呦鹿鸣，食野之蒿，我有嘉宾，德音孔昭……呦呦鹿鸣，食野之芩，我有嘉宾，鼓瑟鼓琴……”诗作里提到的“苹”“蒿”和“芩”，其实是一类植物，也就是属于菊科的青蒿。屠呦呦的名字，和她日后的研究领域，就这样在冥冥中发生了微妙的联系。

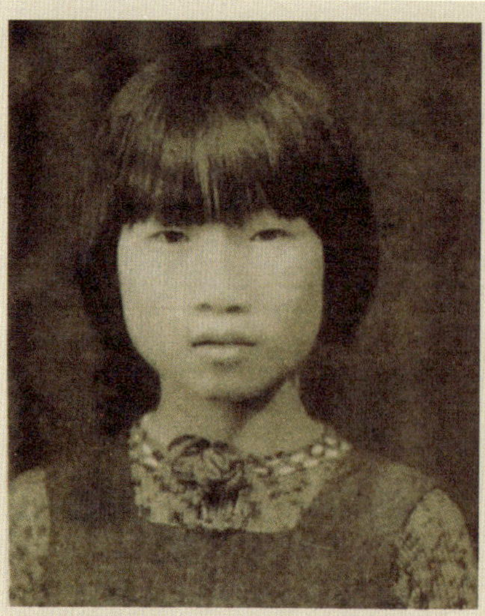

◎ 屠呦呦童年照

1951年，对中医萌生兴趣的屠呦呦在参加高考时，第一志愿报考了北京医学院（今天的北京大学医学部）药学系，并选择了药学专业。她认为，药物是治疗疾病的直接手段，因此经过药学方面的系统训练，会让她有可能了解各种药物对人体产生作用的原理，并且系统地探索中医的草药体系。读书期间，她很喜欢植物分类学、本草学、植物化学等课程，中国传统的中医理论经由现代生命科学的诠释，带给了她看待中医的全新视角。

1955年屠呦呦大学毕业后，被分配到卫计委下属的中医研究院（今天的中国中医科学院）中药研究所。当时，大部分地区的医疗水平还相当有限，不少根深蒂固的传染病仍然在一些省份肆虐。而屠呦呦入职的研究所科研条件比较差，不仅仪器设备简陋，科研人员也不足。但为了改善医疗条件和公众健康水平，国家十分重视中医药研究，提出要开发中医药宝库，这使刚走上工作岗位的屠呦呦很受鼓舞。她知道，自己在大学里学的药学将会大有用武之地。因此，她一到岗位，就开始从事这方面的研究。

在屠呦呦参加工作之初，中国对传染病控制的最著名的举措，便是着手扑灭为害南方省份多年的血吸虫病。它曾经是中国主要的传染病，被血吸虫寄生的患者会出现可怕的极度消瘦和腹部肿胀，痛苦万分。

○青蒿

作为一种著名的寄生虫，血吸虫的生活史已经为生物学界所知晓。被寄生的人和牲畜，粪便里会带有血吸虫卵。血吸虫卵进到水里以后，经过孵化成为毛蚴。毛蚴钻到钉螺体内寄生，然后经过一定的发育成为尾蚴，从钉螺体内溢出来，漂浮在水面上。只要人畜经过血吸虫尾蚴所在的水域，它仅用10秒钟就可以钻透皮肤完成寄生，在人或牲畜体内，发育成一条新的血吸虫成虫。

在着手消灭钉螺这个中间宿主，以截断血吸虫的生活史的同时，对已经感染的人员进行治疗，则能够使血吸虫不再排卵。为了缓解血吸虫病患者的痛苦，屠呦呦对中药半边莲（蛇脷草）的有效成分进行了深入的生药学研究，因为根据中医理论，这种药材有助于治疗晚期血吸虫病腹水和肾炎水肿。此后，她又对中药银柴胡进行了生药学研究，使《中药志》对它们的记录更为准确。

1959年，她参加了卫生部举办的“全国第三期西医离职学习中医班”，系统地学习了中医药学知识。这段学习经历使她深刻地认识到，中医药理论与临床实践相结合是非常重要的。在精进先前所学理论知识的同时，她决心深入了解中药材炮制方面的知识，也就是将药材原料转化成可以出售和使用的药材的过程。（比如说，鹿茸是一种中药，将整根鹿茸按照特定的厚度切成片即属于一种炮制。）在培训之余，她常到药材公司去，向老药工学习中药鉴别和炮制技术，对药材真伪、质量鉴别、炮制方法等方面的知识都有了深入了解。之后，她又投身于卫生部下达的中药炮制研究工作，参与编写了《中药炮制经验集成》一书。将近20年之后，这本书在1978年获得了卫生部医药卫生科技大会成果奖。

研制青蒿素的“会战”

屠呦呦在中草药领域的知识积累，很快在一项新的科研任务中大放异彩。

在新中国成立前后，老牌帝国主义国家在全世界范围内的殖民地体系也走向了瓦解。20世纪50年代，在第二次世界大战中元气大伤的法国，试图继续维持它在中南半岛上的殖民地，但法军被越南军事家武元甲所击败。在法国撤出之后，美国介

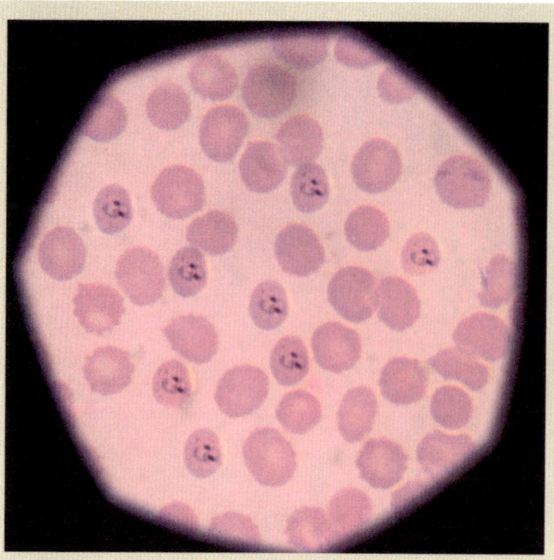
○ 显微镜下入侵红细胞的疟原虫（在细胞中呈紫色者）

入越南国内的纷争，德怀特·艾森豪威尔总统选择支持实行资本主义制度的南越，试图将越南纳入己方阵营，得到一个遏制新中国的支点。此后的约翰·肯尼迪和林登·约翰逊两位总统，也都奉行介入越南内战的政策。

但无论是越南内战的双方，还是介入这场战争的美国军队，都面临着一个比枪林弹雨更为强大的威胁，那就是热带雨林中流行的疟疾。被感染之后的官兵，即使幸免一死也无力行军作战，令军队战斗力大幅下滑。与此同时，第二次世界大战时期使用的喹啉类抗疟疾药物，已经因为疟原虫产生了抗药性而失效。因此，哪一方能先研制出新的抗疟疾药物，就能在战场上赢得主动权。

美国是经济和科技实力雄厚的超级大国，又是北约组织的领袖，因此能投入巨资动员众多西方国家共同研制抗击疟疾的新药。而越南（北越）经济贫困，无法在高科技领域和美国展开竞争，只好向同属社会主义阵营而且关系极好的中国求助。

1964 年，毛泽东主席对越南的求助做出批示，周恩来总理随即下令，以“抗美援越”军工项目的名义，紧急研发抗疟疾新药。

以中国军事医学科学院为首，中国各大医药研究单位都积极行动起来，从中、西医两方面进行研制。西药是研发新的化学合成药，而中药研发的主攻方向则是基于中药材常山根提取常山碱，因为它属于喹唑酮型生物碱，被认为对疟疾有很好的疗效。虽然研发人员都很努力，可是两年过去，西药方面没什么新进展，中药方面提取出的常山碱也因为毒副作用太大而无法投入临床使用。与此同时，美、英、法、德等国家的大型制药企业投入巨额资金和最优秀的研发团队，筛选了数以十万计的化合物，同样未合成出有效的抗疟疾新药。

◎ 青年时代工作中的屠呦呦（右）

○ 屠呦呦在做实验

此时，美军在越南攻势猛烈，越南战场频频告急。1967 年 5 月 23 日，国家科学技术委员会和中国人民解放军原总后勤部主持在北京召开第一次“疟疾防治药物研究工作协作会议”，周总理则再次对研制抗疟疾新药做出紧急批示，并在中国军事医学科学院设立了“523 办公室”，要求调动全国力量，大打一场研发抗疟疾新药的战役。很快，云南、广西等七个省和自治区的有关部门组成无数支小分队进入深山、老林、原野，寻找采集中草药，前后对 3200 种中草药进行了试验，也没获得满意的答案。

“人海战术”不能奏效，研发工作只好回到寻觅科研精英的路子上来。这时候，有位参加抗疟疾药物研制的医生想到了屠呦呦，因为她同时了解西药和中药，便立刻向“523办公室”推荐她。“523办公室”的领导正在四处寻觅人才，听后如获至宝，即刻前往中医研究院。

当时，“文化大革命”已经开始。在选人用人方面，一个人的出身、家庭关系和政治倾向，往往会成为远比专业技能更重要的影响因素。有人认为，屠呦呦有海外关系，因此在政治上可能不够可靠，不适合参加军工科研。但“523办公室”的领导经过反复审查后，发现屠呦呦参加工作不久，就出色地完成了两项血吸虫防治课题，还被卫生部评为“社会主义建设积极分子”，便忽略了“海外关系”这个在当时相当严重的不利因素，毅然决定起用屠呦呦来承担研究工作。

成为“523办公室”的研究人员后，1969年2月到4月，屠呦呦系统收集整理了历代中医药典籍记载，以及访问著名老中医得到的用于防治疟疾的方剂和中药材，并且调阅了大量民间秘方验方，在汇集了内服药和外用药2000余方的基础上，编写出以640种中药为主的《疟疾单验方集》。这些药材涵盖了植物、动物、矿物等类别，对它们的深入整理，成为她接下来研究工作的依据。

○ 屠呦呦指导药品制取

这个单验方集油印成册，于1969年4月送往“523办公室”，再转赠国内相关研究机构，供全国药学研究者共同发掘。

随后，屠呦呦从自己编写的单验方集中挑出一些方药，分离提取其中的组分，用实验鼠一批批地做试验，但效果都不太好。当年的档案显示，从1970年1月到9月，研究尝试了胡椒等若干种药材，试图提取出对抗疟疾的有效成分。后来，青蒿的乙醇提取物在感染了疟疾的小鼠实验中，获得了对疟原虫68%的抑制率。但在1971年7月到8月的重复筛选中，抑制率却极不稳定，分别是12%和40%，实验进入了困境。

“沙里淘金”制成灵药

在实验没有获得满意结果的情况下，屠呦呦重温中医古籍，想从文献里寻找答案。她发现，东晋时期医生葛洪所著的《肘后备急方》里，有一段记载："青蒿一握，以水二升渍，绞取汁，尽服之。"这句话让屠呦呦恍然大悟，为什么葛洪不使用中医常见的煎药方法，而是要用这种特别的方法来制取药物呢？也许，这位古代名医已经模糊地意识到，青蒿里能够对抗疟疾的某种成分是不能经受高温的，所以才要避免煎煮；而现代化学知识也告诉她，一些生物大分子会在高温之下被分解。既然如此，她应该用低温的实验条件来提取青蒿里的有效成分。

悟到可能正确的实验方向之后，屠呦呦选择了乙醚。因为乙醚的沸点远比水要低，能够营造理想的低温提取环境，理论上不

○ 1996年，屠呦呦（左）在指导助手杨岚做实验

会破坏青蒿的有效成分。随后，她用这种方法得到的青蒿提取物，再给染有疟疾的小鼠做治疗试验，结果发现鼠疟的抑制率明显提高。很显然，低温制备是保证青蒿提取物疗效的一大关键。

屠呦呦兴奋不已，进一步把这个提取物分为酸性部分和中性部分，结果酸性部分抗疟效果不好还有毒性，中性部分效果很好。1971 年 10 月 4 日，第 191 号样品（青蒿乙醚中性提取物）出现了惊人的实验结果：它 100% 地抑制了鼠疟的疟原虫！

屠呦呦认为，测试中的药物即使能 100% 杀死鼠疟的疟原虫，也不一定能杀死人疟的疟原虫，因为鼠疟和人疟的疟原虫分属不同的物种。经过更多的实验，以及现代生物制药学角度的分析，她发现青蒿可以对抗疟原虫的活性部分，集中在青蒿的叶子里，

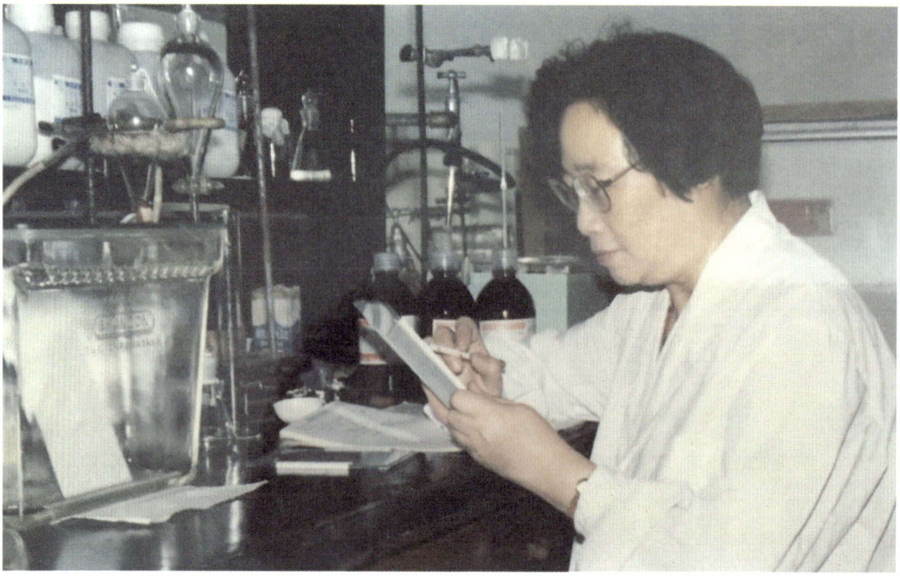

○ 屠呦呦专心致志于工作

并且最佳采摘期是青蒿开花的季节。随后，她用活性更高的提取物在猴子身上做实验，也都取得了和鼠疟实验相同的结果。

1972年，一场关于抗疟疾的研讨会在南京召开。屠呦呦参加会议并报告了实验结果，与会代表们都十分高兴，要求她尽快将药品应用于临床，治疗人疟。为了对提取物的安全性进行最后的确证，屠呦呦决定“以身试药”。

领导同意了她的请求，同时要求她谨慎，注意身体健康。研究组的另外两位同志在她的感召下，也随她一起“以身试药”。他们按剂量递增方式服药一周，结果显示药品安全。相关领导们遂同意将新药应用于临床。从1972年8月开始，青蒿乙醚中性提取物被应用于海南疟疾患者的治疗，也在北京302医院试用。治疗结果表明，药物不仅疗效良好，而且除个别病人出现呕吐、腹泻的消化道反应外，对心、肝、肾等重要的脏器都未见毒副作用。

初战告捷，研究还需继续。屠呦呦的科研组在获知青蒿有效部位后，又开展了分离有效成分的工作。团队经过努力，于1972年11月8日从有效部位中成功分离得到青蒿的单一化合物。科研组逐步积累这种有效单体后，进行了动物安全性试验、人体试服实验，确认其安全后于1973年9月在海南的疟疾流行区进行了临床试验，显示了抗疟有效性。后续的实验则证实，这种单体正是青蒿抗疟的有效成分。1973年11月2日，屠呦呦在疟疾防治药物研究专业会议上，汇报了她的研究。后来，这种有效单体被命名为“青蒿素”。青蒿素问世之后，屠呦呦仍然没有停止工作，而是在进一步研究抗疟药。1973年，她和自己的科研组又研发出了青蒿素的第一个衍生物双氢青蒿素，这个衍生物比青蒿素的抗疟疗效高10倍！她和她的团队终于出色地完成了党和国家交给的重任。

当时间进入新世纪，青蒿素和它的衍生物在治疗疟疾方面的功效传遍了全球，成为全球抗疟的一线药物。世界卫生组织宣布，采用青蒿素在世界各地进行疟疾综合治疗的策略，挽救了数百万人的生命，大多是曾经为缺医少药所苦的非洲儿童。根据世界卫生组织的统计，2000年至2015年期间，全球可能患疟疾的人群中疟疾发病率下降了37%；疟疾患者的死亡率下降了60%，全

◎ 瑞典国王卡尔·古斯塔夫给屠呦呦颁发2015年诺贝尔生理学或医学奖

球共挽救了620万人的生命。这一成绩归功于疟疾防治的综合措施，包括青蒿素联合疗法在内。由于青蒿素在非洲治疗疟疾的神奇效果，它被誉为“东方神药”。欧美发达国家的医药企业研究人员也不由得感叹：“多年来，我们一直认为抗疟疾药物研究是最头疼的问题；但中国人竟然用一种普通的小草就解决了。”

◎ 双氢青蒿素成品

郑儒永：畅游在真菌的世界里

简　介

郑儒永（1931.1—）系统真菌学家，出生于广东潮阳，1949年考入岭南大学农学院。1953年毕业分配至中国科学院真菌植病研究室（微生物研究所前身），师从著名真菌学家戴芳澜教授，从事真菌学系统学研究。1999年当选为中国科学院院士。

郑儒永说，“回顾过去的岁月，我走过的实在是一条再平凡不过的路。如果说我取得了点滴的成绩，我想那是由于我安于过平凡的生活，受外界干扰不大，可以专注于我的工作。”

从餐桌上的蘑菇，到令人瘙痒难耐的脚癣，我们时常要和既非植物又非动物的真菌“家族”的成员打交道。这是一个充满了待解谜题的庞大领域，许许多多的物种，都与人们的生产和生活关系密切。

在中国科学院微生物研究所里，生于1931年的系统真菌学家郑儒永院士，时至今日仍然保持着全日工作的习惯。尽管因为常年操作显微镜导致的劳损，使她的脊柱上钉了2根钢柱和10枚钢钉，而且不能久坐，但为了真菌分类系统的合理化与完善，她毅然选择了站在显微镜前。

三名教授，一位学生

1949年，18岁的郑儒永面临着前往哪所城市上大学的抉择。此前的3年里，她以高中阶段6个学期皆为优的成绩，从广州真光女子中学毕业，并且取得了当年唯一免试保送升入大学的名额。

○ 郑儒永

○ 郑儒永八岁时留影

当时，在郑儒永的出生地香港，成绩优秀的高中生往往会被父母要求学医，仅仅是因为医生的工作体面而且收入丰厚。幸运的是，郑儒永的父母给了她和另外8个子女良好的教育条件，却不强迫子女们选择自己不感兴趣的专业。而郑儒永也没有进入父亲郑铁如从事的银行业，而是有志于建筑设计。

不过，真光女子中学是一所基督教会兴办的学校，保送的范围也仅限于由同一个教会兴办的北京燕京大学、南京金陵大学、广州岭南大学等几所大学。郑儒永最为向往的清华大学不在保送的范畴；能够保送入学的几所大学，也都没有开设建筑设计方面的专业。

○ 郑儒永（右）与母亲留影

当时，平津战役刚刚结束不久，北方的局势并不安定。因此，为了不让家人太过担心，她最终选择进入岭南大学农学院园艺系庭院布置专业就读，成为真光女子中学迁往香港九龙之前，最后一名享受保送待遇的学生。

但来到岭南大学

之后，郑儒永很快陷入了失望：她在入学注册时被告知，从这个学年起，她想要就读的专业被取消了。几个月后，她转系到农学院刚刚成立的植物病理系，成为它的第一名学生，也是这个学年的唯一学员。

◎ 1964年郑儒永（左1）于福州留影

学生虽然只有一名，系里的教授却有林孔湘、范怀忠和陆大京三位先生。从这些严师身上，郑儒永学到的不仅有知识，更有做学问的道理。

她回忆说："我在大二时第一次上林先生的植物病理学课程，一起听课的还有一年级的同学、从厦门大学转来的研究生朱麦拉，以及其他系的同学。每次讲完课，林先生都会留下很多参考文献，让我们课外自行到学校图书馆借阅。

"几周之后，一次在下课前半小时，林先生进行了临时测试，题目有课堂上讲过的，也有参考文献上的内容。我答上了所有考题，没想到考卷发下来一看，只得到 69 分，最高分是朱麦拉

○ 郑儒永中年时代留影

的 79 分，我们两人都很伤心，因为我们都从来没有拿过这样低的分数，其他同学则全部不及格。

“后来，我们一起把考卷细细推敲一遍，再到图书馆去查看有关内容，我们不得不承认，我们的考卷尽管没有错，但仍然有答得更好的余地。我领悟到，林先生是在通过打分让我知道学无止境，永远不要故步自封。经过努力钻研，在这门课程结束的时候，我拿到了 89 分，这是林先生（在教学生涯中）给过的最高分。”

后来，作为系主任的林孔湘，专门为郑儒永开设了植物病理学文献和真菌学两门课程。由于他工作很忙，有自己的研究课题和多名研究生，所以郑儒永的学习都是自学为主，而他提供辅导作为辅助。他把自己过去在美国康奈尔大学研究生院的讲义和参考文献作为郑儒永学习的基础，她自学之后每周汇报学习的心得体会，也要提出自己的问题。这段经历对她影响深远，使她后来在对待自己的学生时，总是会想想以前的老师独特的教学方式。

范怀忠先生则为郑儒永单独开设植病研究法和高级植物病理学。虽然只有一个学生，他一样认真讲课和安排实验。他最不喜欢学生读死书，总是要求郑儒永弄清楚某个问题的最基本的原理，学会最基本的方法，举一反三，触类旁通，什么问题就都能解决了。郑儒永回忆说："当时老师告诉我，'由于课时所限，我不可能把所有的方法都告诉你。我现在教你做桌子，你学会了做桌子腿、做桌面，希望（有了这些知识）以后，你能够椅子、床、柜、橱、门窗……什么都会做。'"

除了植物病理系的课程，郑儒永还选修了许多其他系的课，比如化学系的有机、无机化学，生物系的植物生理学，兽医系

○ 1981年9月，郑儒永（右1）主持著名真菌学家美国康乃尔大学教授R.P.Korf访问微生物所真菌室时的学术座谈会并为他做翻译

的细菌学，作物系的摩尔根遗传学和米丘林遗传学等。两种遗传学课程由一位名叫李鹏飞的先生讲课，他本人信奉的是摩尔根遗传学，也就是今天我们使用的遗传因子位于染色体上的学说，因此课讲得很生动和很有说服力。

后来，随着中国与苏联进入“蜜月期”，当时苏联主流的遗传学理论米丘林遗传学传入国内，并且被要求在大学中讲授。在米丘林的理论中，生物生活条件的改变所引起的变异具有定向性，由此获得的性状能够遗传，但这缺乏足够的科学事实根据。所以，李鹏飞尽管讲授米丘林遗传学，但他自己的研究实验始终坚持用摩尔根学说来指导。

◎ 1983年9月3日，郑儒永（左）应邀参加第三届国际真菌学大会，做报告后与大会主席N.Hiratsuka（平塚直秀）教授交谈

郑儒永自愿每天拿出一小时，帮助李鹏飞教授做一些田间记录。为此，她每天清晨五点半都要来到实验田，进行枯燥乏味的数据记录工作，以验证老师的实验设计的成果。她这样工作了将近一个半学期，直到全国高等学校进行院系调整，岭南大学农学院植物病理系与中山大学农学院昆虫系合并成立华南农学院（今天的华南农业大学）植保系并迁到新的校区为止。这段经历，使她懂得了科研工作的每一步都是非常重要的，特别是积累资料的步骤，更是取得成功的基础。只要研究有需要，就得耐心地去做平凡而重复的工作。

◎ 1984年在微生物所真菌室郑儒永（中）与同事和学生研究毛霉类种

1953 年，在毕业面临分配的时候，郑儒永陷入了两难。一方面是自己的前途，一方面是报效新中国的热情。她自己曾经想过到国外深造，父母十分重视子女的教育，很早就为每个孩子准备好了大学后出国留学的费用。

此时，她刚刚读完的苏联小说《钢铁是怎样炼成的》让她醒悟到，人不能只为自己的前途着想，不能在国家建设最需要人才的时候，像个逃兵一样跑到国外。因此，经过慎重考虑，郑儒永放弃了出国深造的机会，和大多数同学一样填写了无条件服从国家分配工作的志愿书。她被分配到中国科学院，在刚成立的中科院真菌植病研究室（今天的微生物研究所）工作，担任研究实习员。

整理标本，厚积薄发

一到北京，郑儒永就遇到了身为女性带来的麻烦。当时，中国科学院对分配来研究室的大学生实行导师责任制，郑儒永被分配到戴芳澜先生的工作组。戴芳澜教授是中国著名真菌学家和中国真菌学创始人，也是中国植物病理学的创建人之一，

◎ 1988年7月，郑儒永（右2）在日本北海道大学访问期间参加由S.Takao（高尾彰一）（右1）教授举办的一次有关微生物应用的小型国际学术会

1948 年选聘为中央研究院院士，后来在 1955 年又成为中国科学院学部委员（院士）。

“得知被分派到戴先生的工作组的时候，我高兴极了，因为我在学校的时候早已知道戴先生是真菌、植病界的老前辈，有机会在他的指导下工作，一定能学到很多东西。”郑儒永回忆说，“可是没过多久，研究室的书记兼秘书许少英找我谈话，解释了我被分配进这个课题组的缘由。戴先生一向不愿意带女学生，担心她们结婚之后不求上进，成不了材。

“另外，我出生在香港，以前有过烫卷发的习惯，戴先生看了我的档案和证件照片，就误以为我不能吃苦，特别是不能出差野外采集标本。只不过，那时候他不希望留下重男轻女的名声，方才勉强允许我留在他的课题组。这让我决定要努力工作，证明女学生也可以很优秀，改变戴先生对我的看法。”

可是，戴芳澜并没有立刻让郑儒永开展科研工作，而是把她安排在标本室。这个标本室保存着从清华大学农学院、中央研究院、北平研究院等几个单位整合而来的重要标本，总量可能有近万个。它们有着不同的包装，标签的书写格式也可能不同。郑儒永的工作就是给这些标本重新制作包装，并且设计和制作标签。除此之外，她还有一项与科研关系不大的任务，就是处理全室与已有课题无关的人民来信。

◎ 1988年7月，郑儒永（前排左2）作为中科院与日本振兴学会交换学者访问北海道大学植物病毒、真菌学讲座期间，应四方英四郎（E.Shikata）教授之请到他家做客（前排右2、右1为四方英四郎教授及夫人）

对于这样的安排，郑儒永没有一丝一毫的怨言。她沉下心来，认认真真完成每一份标本的整理鉴定工作。那时候没有中文打字机，每一份标本都要手写，然后完成包装。为了弄清每个物种被命名的过程，以及前人的研究，她需要阅读多种不同外文的资料，这就让她全面提升了自己的外语能力和专业素质，而且积累了不少对日后研究很有价值的信息。如今的中国科学院微生物研究所标本馆里，还保存着她当年手写的很多标本标签，这已经是非常珍贵的历史和科研资料。

而处理人民来信的工作，则被郑儒永视为另一个上佳的“充电”机会。为了妥善地回复这些信函，她需要极大地拓宽自己的知识面，自行查找资料并且向其他专家请教。在这个过程中，她不仅得到了很多与生产实践密切相关的知识，也和一些业界专家建立起了良好的关系。

就这样，郑儒永在标本室整整待了4年。待到她“破土而出”的那一天，便是厚积薄发的开始。1958年年底，微生物研究所正式成立，戴芳澜担任所长。这一年，郑儒永也终于得到了老师的认可，可以独自设题研究。而此时，当年和她同来的大学生都已经做了很多研究，并发表了文章。但她并不觉得虚度了那几年时光，因为她已经在标本室中积累了丰厚的科研素材，

◎ 1993年12月，郑儒永（右3）参加第一届韩中国际真菌学会议，在汉城大学校园内留影（左3为汉城大学郑厚燮教授，其余为中方代表团成员）

而且可以自己支配时间来有计划地进行自我提高。

郑儒永选择了毛霉目（Mucorales）真菌作为自己的研究领域，因为它们有重要的经济价值，又是变异性很大、分类问题很多的一类真菌，所以这样的研究具备实际和理论两方面的意义。进行立题研究之后又过了5年，她才发表了第一篇文章《中国笄霉科的分类研究》，这一出手便是引人关注的佳作。

从那时起直到今天，郑儒永一直谨记老师的教诲："工作要进行到几乎什么问题都得到了解决的时候再写文章，文章不在乎数量，在乎质量。"因此，她的著述并不算丰富，但每一篇都有相当高的学术价值。

◎ 1995年5月24日，郑儒永（后排右1）在荷兰菌种保藏中心短期工作期间，与该中心工作人员分别前合影留念

倾情科研，传承学术

在发表第一篇论文之后，郑儒永又结合工作经历，发表了论文《植物病害与真菌标本的采集、制作、保管和邮递》。她还与老师和同事们合作翻译、编写了一些学术著作，使相关知识为更多的研究者所知晓。

◎ 1978年1月，郑儒永（右2）任1978年中阿文化交流协定执行小组组长赴阿尔及尔大学讲学和帮助建立微生物实验室，与该校植物系系主任D.Bounaga教授（左5）及部分学员合影

◎ 2000年郑儒永在广西桂林参加院士学习班后留影

1973年，郑儒永的恩师戴芳澜先生病逝。没能参与到老师本人的研究工作之中，成为郑儒永此生永远的遗憾。她在极其悲痛之余，担起整理戴先生遗著的重任。她认真梳理毛霉目真菌的相关资料，严格核查，将中国毛霉目已知种类，总结到戴芳澜所写的英文版《中国真菌总汇》内。在“文化大革命”期间进入“五七”干校时，郑儒永依然坚持每天阅读文献，编写了《真菌名词与名称》半数

以上的名词条目，并审订了全部名词条目。她用女性特有的认真细致和执着坚忍，为中国真菌分类研究做出了巨大的贡献。

在“文化大革命”后，科研秩序开始逐渐恢复。此前的积累开始显现出价值，1977 年，郑儒永关于白粉菌属（*Erysiphe*）的研究结出累累硕果。她接连发表多篇重量级研究论文，并于第二年作为“中阿文化交流协定项目”的组长，赴阿尔及利亚讲学和帮助建立微生物实验室。

在接下来的几年时间里，郑儒永在白粉菌属的研究方面，累计发表了十几篇重要论文，在国内外产生了深远的影响。

在白粉菌各个属的分类研究中，从种的界限的确定、命名法规的处理以及有关订正研究中，她的研究都均起到了重要作用。她对过去国内有关本属白粉菌的标本资料进行了全面的整理鉴定订正，最后确定中国白粉菌属真菌在 33 科 103 属 226 种和变种的寄主植物上，总共分布有白粉菌 52 种和 5 个变种，其中新种 22 个，新变种 4 个，新的寄主与寄生真菌组合 5 个。

她在 1985 年提出的白粉菌科属级分类系统，澄清和订正了许多国际上有争议的问题，保持了多年的国际领先地位，甚至被国外的著名学术期刊沿用至今。1987 年，她又与同事合作并主编完成了中国第一本完全经过直接研究写成的真菌志——《中国白粉菌志（第一卷）白粉菌目》，得到了国际著名专家的广泛赞誉。

如今，已是耄耋之年的郑儒永，对工作仍然没有丝毫懈怠。她一如往常地每天上班，步履蹒跚地走过车流熙攘的马路，来到实验室，在显微镜下一站就是几个小时。因为长期使用显微镜的缘故，她的腰部已经严重劳损，遵照医嘱不能久坐，只能卧床或者站立。而真菌标本的观察和鉴定，又必须用到显微镜。于是，她选择了站在显微镜前，继续探索真菌世界的奥秘。

除了做科研，郑儒永也乐于将自己的科研经验和对科学的感悟，传授给年轻一代的研究者。她对学生的教育方式与众不同，十分注重因材施教，在实际的教学过程中既秉承老师戴芳澜的严格，又给予学生悉心的关怀和指导。

◎ 郑儒永（右1）与学生在一起

“入门的时候，对有困难的学生要帮他们一把。科研工作十分艰苦，只有坐进去，到了一定境界，才能体会到其中的乐趣。我希望能培养学生对科研的兴趣。”她所培养的多名硕士、博士、博士后研究生，均已以优异成绩取得学位，并在科研中发挥了重要的作用。

郑儒永认为，大学毕业后的最初 5 年非常重要，因为那是一个打好基础的时段。优秀的科研人员需要广博的基础知识，扎实的基本功，勇于挑重担并且严谨认真的工作态度，而且要认清自己的研究方向，方能在 5 年之后拥有独立做好本职工作的能力，继而开始产生成果，在学术上不断精进。

不可否认，科研工作确实很可能是枯燥的，那就需要新人培

◎ 2006年3月7日下午郑儒永在人民大会堂举行的“三八”中外妇女招待会上（前排左起：李方华院士、张树政院士、郑儒永院士、匡廷云院士）

养起自己对这个领域的兴趣，业精于勤并且持之以恒，不要轻易见异思迁，方能最终有所成就。如果是为了学术精进，去国外深造并无不可，但不能因为盲目崇洋而留学，而是应该在深造之后回来报效祖国。另一方面，即使没有出国留学的机会和经历，也要对自己有信心，在国内的科研岗位上，一样可以做出国际一流的工作。

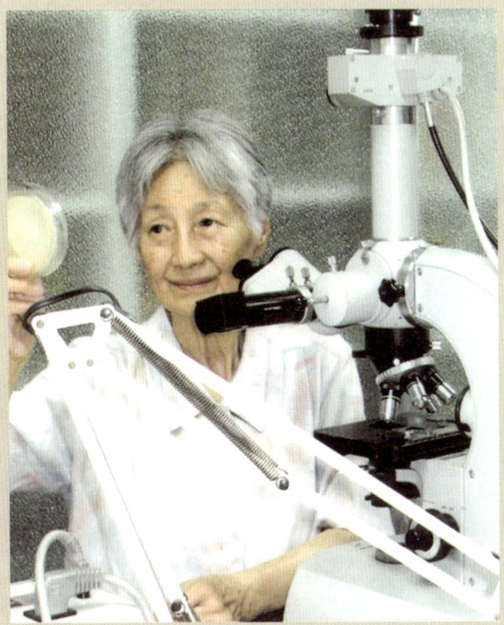
◎ 2016年郑儒永院士在显微镜前工作照

“回顾过去的岁月，我走过的实在是一条再平凡不过的路。如果说我取得了点滴的成绩，我想那是由于我安于过平凡的生活，受外界干扰不大，可以专注于我的工作。”站在显微镜前的郑儒永，仍然保持着对学术的执着和对名利的淡泊。

杨芙清：见证中国计算机业的黎明

简　介

杨芙清（1932.11—）出生于江苏无锡，计算机软件科学家，教育家，北京大学教授。主要从事系统软件、软件工程、软件工业化生产技术和系统等方面的教学和研究工作。1991年当选为中国科学院院士（学部委员）。

杨芙清说，“作为一名科技工作者，不但需要知识和智慧，更需要胆识和勇气，而且要坚持不懈，只有敢于创新、甘于寂寞，才能享受成功后的喜悦。自主创新是科技发展的灵魂，自主创新必须要有前瞻性，唯有如此，才能站到世界前沿，才能适应发展的需要。”

从1946年的第一台电子计算机ENIAC开始，计算技术的发展突飞猛进。新中国成立之后，百废待兴亟待现代化的国情，使自主研制计算机的工作很快被提上了议事日程。

如今已是著名计算机软件科学家的杨芙清，便是在那个火热的年代，走进了她从事至今的领域。她亲历了中国计算机业的黎明，又在计算机软件领域持续钻研创新，为中国软件业的发展做出了重要的贡献。

留学苏联接触全新领域

杨芙清初中与高中就读于无锡市第一女子中学，这是一所百年名校，在这里她就小荷初露尖，成为同龄人中的佼佼者。中学时，兴趣广泛的杨芙清既被选入篮球队、排球队，又是舞蹈队、宣传队成员，郊游、义演等各项活动都很积极。在这里，她受到了良好的启蒙教育，养成了勤于思考、刻苦努力的学习习惯，并树立了追

◎ 无锡市第一女子中学校篮球队。杨芙清（前排右1）是篮球队右边锋

求真理、探索科学的远大理想。

1951 年夏天，杨芙清以全校第一名的成绩，从无锡第一女子中学高中毕业。怀着对著名数学家华罗庚先生的崇敬，她在高考时选择了清华大学数学系，并最终如愿以偿。第二年，随着国家院系调整，数学系归属于北京大学；杨芙清便和同学们一起，从清华园来到了燕园。

“勤奋和严谨是在读大学时养成的好习惯，我一直保持到现在。”杨芙清这样说。在大学阶段，杨芙清认为自己最大的收获就是学会了科学的学习方法，通过数学课的严格训练，培养出严密的逻辑思维，学到了分析问题、解决问题的方法，为以后的科研、教学工作都打下了扎实的基础。

◎ 学生时代的杨芙清

“梅花香自苦寒来，燕园红梅渐含苞”，这正是对杨芙清大学时代的真实写照。就这样，杨芙清踏上了攀登科学高峰之路。

1955 年，杨芙清以优异的成绩本科毕业，并师从徐献瑜教授，成为中国第一个计算数学专业的研究生，并参与了计算数学教研室的组建。当时，中国的计算机事业还是一片空白，而科技界已经认识到了计算机对于科研的价值，并且开始了最初步的理论研究。

为了研制中国自己的计算机，1957 年，国家决定派代表团前往苏联科学院学习计算机技术。杨芙清由导师推荐，进入了这支赴苏联的学习团，开始学习计算方法和程序设计。

○ 杨芙清院士（右）祝贺徐献瑜老师百岁华诞

对于杨芙清来说，大学时在基础数学领域深耕，研究生期间接受计算数学的训练，再到被推荐出国学习程序设计，距她所追求的华罗庚式的数学家越来越远了，但她相信这是从国家发展的需要出发，“只要是国家需要的，我就应该去做，而且要做好！”

这样一种单纯的想法，使杨芙清意外地抓住机遇，进入了当时刚刚起步的计算科学这个全新的学科领域。严谨认真的她编写的第一个程序，在上机运行时一次通过，令苏联专家大为惊异。

○ 杨芙清在苏联科学院计算中心使用箭牌计算机

在苏联科学院计算中心学习程序设计之后，她又奉命转入莫斯科大学数学力学系，师从计算科学家米哈依尔·罗蒙诺维奇·舒拉波拉，学习程序设计自动化。这段经历让她受益匪浅，也让舒拉波拉对她的勤奋和悟性印象深刻。这位苏联专家曾多次对赴苏访问的中国学者说：“我有一个非常出色的中国女学生——杨芙清。她是一位思维敏捷、富有创造性的软件科学家。”

◎ 苏联计算科学家舒拉波拉（左2）与研究生们讨论（右2为杨芙清）

1957 年 11 月 17 日，注定是杨芙清和所有留苏学生终生难忘的一天。那一天，毛泽东主席率邓小平、宋庆龄等国家领导人来到莫斯科大学。杨芙清在礼堂聆听了毛主席的亲切教导：“世界是你们的，也是我们的，但归根结底是你们的。你们青年人朝气蓬勃，正在兴旺时期，好像早晨八九点钟的太阳。希望寄托在你们身上。”毛主席的讲话让杨芙清心潮澎湃，热血沸腾，激励着她在计算机软件领域继续钻研。在此后的学习期间，杨芙清独立设计和实现的“分析程序（逆编译程序）”，以其独创性，被西方杂志称为“程序自动化研究早期的优秀工作”。

○ 1962年，杨芙清与儿子留影

1962 年，北京大学选派学习程序设计的杨芙清，前去位于苏联杜勃纳的联合核子物理研究所工作。这是由 12 个社会主义国家共同成立的核物理研究机构。杨芙清回无锡老家看望了刚满周岁、尚在咿呀学语的儿子后，二次赴苏，以中国计算机专家的身份来到杜勃纳，负责科学计算工作。

在这里，她努力学习核物理基本概念，及时总结程序设计的规律，并积累有关资料。这一段工作经历，特别是对科研工作中计算机模拟环节的理解和经验，为她回国后在计算机领域进一步开展研究奠定了基础。

开启石油工业“数字化革命”

从 20 世纪 60—70 年代，由于西方的技术封锁，我国计算机事业的发展处于非常艰难的时期，全国能源短缺的状况也日益突出，严重制约了国民经济的发展。为了解决石油勘探等行业科学计算问题，国家迫切需要独立研制高性能的电子计算机。

1969年12月，国务院正式向北京大学下达了研制每秒100万次的大型集成电路计算机的任务。如果能研制成功，不仅是中国计算机科学的重大突破，也会为中国石油勘探带来第一次“数字化革命”。在服务于石油行业之余，它的算力也可以为国防工业、气象研究以及其他众多科研机构所用，大幅提升这些行业的效率。

当时，中国并没有研制过运算速度这么高的计算机，既没有技术储备，又没有资料和经验可供参考，面对无技术、无资料、无经验的重重困难，许多人信心不足，作为当时唯一使用过大型计算机的杨芙清，带领着一批年轻的教师负责150机指令系统文本和操作系统设计。她坚持认为：我们中国人一定要争口气，把新型计算机研制成功。

她凭借自己的理论功底，通过观察现实世界，从生活中找到解决问题的灵感。在一穷二白的情况下，杨芙清和团队成功攻克了多道运行处理等关键技术。经过一年多的艰苦奋战，终于设计出150机整套操作系统软件。

但在软件大体成型的时候，150机的硬件研制尚未完成，为了尽快调试操作系统，研制团队决定在其他石油系统使用的计算机上，调试150机操作系统。杨芙清不顾晕车之苦，和研制组一起背着资料，千里迢迢到大庆油田，那里有一台108乙型计算机正在为石油工业效力。他们在这台计算机上编写了一套仿真程序，对150机的硬件

○ 杨芙清在家中编写150机指令系统文本

进行模拟，并在模拟得到的“虚拟机”上调试150机操作系统。

为了节约时间，研制团队硬是把庞大、复杂的程序和数据都装进脑子里，以期对调试中的问题能及时思索、推理和解决。在爱国热情的激励下，他们十几个人干劲十足，昼夜倒班，每天只睡两三个小时，除吃饭、睡觉外，都在工作。在调试程序期间，杨芙清的气管炎又犯了，但她根本不舍得休息，任凭咳嗽不止，照样咬牙坚持。

按照常规的调试步骤，要把150机操作系统全部调通，至少要半年时间。但是，默记程序和昼夜加班的工作方法发挥出了惊人的效率。日夜苦战的研制团队，仅用23天就在大庆的108乙型计算机上把150机“多道运行”操作系统调试成功。杨芙清回忆说：“当研制组带着成果凯旋的时候，大家都感到天特别亮，浑身有使不完的劲儿。”

操作系统的调试成功，有力地促进了硬件调试的进展。在软、硬件科技人员共同努力下，1973 年 7 月的一天，北京大学的 200 号机房里传出清晰、嘹亮的《东方红》乐曲声，整个 200 号机房轰动了。它向人们宣告：中国第一台百万次多道运行计算机——150 机研制成功了！在机房工作整整一夜的杨芙清等人，也在现场见证了这个荣耀的时刻。

1973 年，中国根据全球电子计算机的发展形势，提出了研制“中国系列机”的计划，杨芙清参与了 200 系列机的软件总体设计，负责系列机操作系统文本设计和 240 机操作系统设计。但由于国家政治经济形势的变化，240 机操作系统在研制 3 年之后宣告下马。杨芙清用爱国热情和炽热的事业心感动了领导小组，但是最后也未能让这个项目摆脱中断的命运。

1978 年，党的十一届三中全会召开后，中国开始了改革开放进程，对科技发展也更为重视。杨芙清抓住历史机遇，重组了 240 机操作系统的攻关队伍。重新上马后，杨芙清参考国际上先进的“管程”概念，为 240 机操作系统设计了“层次管程结构”模式和 PCM 设计方法，并用系统程序设计语言 XCY 书写了 240 机操作系统。事实上，原先设计的操作系统是杨芙清带领十几名科研人员经过 3 年的苦干才完成的，如果推倒重来，3 年之功将毁于一旦。面对经费不足，时间成本大等问题，杨芙清毅然决定：“推倒原来的设计！按层次管程结构重新设计 240 机操作系统，要让 240 机操作系统有一个更为先进的结构和功效！”杨芙清的精明、果断和责任心，赢得了课题组全体成员的尊敬。事实上，这个决定最后被证明是富有远见的，“先进的结构，为我们日后赢得了大量的时间和财富”。

在操作系统设计成功之后，当时的北京却没有一台能供240机操作系统调试的计算机。杨芙清只能率领课题组几度南下北上，前往上海、常州、大连、西昌等城市寻找调试所需的计算机。他们经过长期苦战，克服重重困难，终于在1981年完成了240机操作系统全部程序的调试工作。中国第一个用高级语言书写的大型机操作系统诞生了。

◎ 杨芙清在讲解命令缓冲区管程结构

“为国奉献，我之所愿”。杨芙清经常这样说。面对国家需要，杨芙清从未想过退缩，而是奋勇当先，正是这种崇高而又执着的信仰，指引着杨芙清在学术科研之路上不断创新，取得一个又一个成就。

直面软件危机，青鸟振翅腾飞

240机操作系统的成功，使杨芙清成为中国计算机软件科学领域的一颗冉冉上升的科技明星，但她并未自我陶醉于已有的成绩。她说："成绩是对既往工作画一个句号，句号放大就是零。重要的是，而今迈步从头越。"

在20世纪80年代前半叶，国内外公认计算机软件存在"复杂程度高、研制周期长、质量难以保证"的三大难题。这样的现象早在20世纪60年代末就已经出现在计算机技术发达的国家，被称为"软件危机"，此后发展软件工程的呼声日益高涨。

有鉴于此，从20世纪70年代后期开始，杨芙清就着手探索和研究软件工程的基础问题。1980年，她在北京大学组织了全国第一次软件工程研讨会，引起国内学术界的极大兴趣。1983年，她开始研究软件工程核心支撑环境，被定为国家"六五"科技攻关项目，从此拉开了著名的"青鸟工程"的序曲。

"青鸟"之名源于中国古代神话传说中西王母的信使。它赤首、黑目、三足，专司西王母与人间信息的传递。1991年，在"七五"科技攻关成果展前夕，参展的软件工程系统一时找不到一个相称的好名字。一次会议上，周锡令教授念起了李商隐的诗句："蓬山此去无多路，青鸟殷勤为探看……"这句诗令在座的专家们决定，以"青鸟"作为软件工程系统的名字，象征着中国软件产业的起步和腾飞。

研发"青鸟工程"的主要目的，是为了推进软件生产手段的变革，通过工程化开发方法、工业化生产技术，建立标准规范，提供支撑工具和环境，让软件设计从手工作坊式变革为工业化生产。得益于“青鸟工程”，中国软件工程研究从跟踪、跨越，直到今天最终进入了国际先进行列。

1993年，微软总裁比尔·盖茨访华时，杨芙清是他特别提出想要拜访的两位科学家之一，另一位是德高望重的科学界老前辈周光召先生。在参观并动手操作了“青鸟系统”之后，盖茨承认“中国的软件开发已达到很高的水平”。在盖茨再次来访时，特邀杨芙清作为专家座谈会的嘉宾，还专门讨论了软件教育和软件人才培养问题。

经过4个“五年计划”的连续攻关，“青鸟系统”逐步走向

◎2004年7月1日，杨芙清（左）与美国微软公司总裁比尔·盖茨（中）、微软亚洲研究院院长沈向洋（右）亲切交谈

完善，使中国的软件产业开始从手工作坊式向工业化生产方式迈进。杨芙清说：“‘青鸟工程’是全国软件界的大联合、大会战的成果。产学研、老中青结合，很多年轻人自称为小青鸟，把他们的孩子称为小小青鸟。现在，当年的小青鸟很多已成为软件界的骨干和学术带头人。”

杨芙清主持的“青鸟工程”为中国软件产业的发展奠定了坚实的基础，她在软件工程领域的成就受到国际同行的高度认可和推崇。

◎ 2006年，杨芙清应邀在第28届世界软件工程大会开幕式上做主题报告

回顾自己的科研经历，杨芙清说：“作为一名科技工作者，不但需要知识和智慧，更需要胆识和勇气，而且要坚持不懈，只有敢于创新、甘于寂寞，才能享受成功后的喜悦。自主创新是科技发展的灵魂，自主创新必须要有前瞻性，唯有如此，才能站到世界前沿，才能适应发展的需要。”

作为优秀的计算机科学家，杨芙清对团队建设特别重视。她说："软件学科是工程学科，（研制软件）本身就是群体行为。任何一个项目，只凭一个人都是做不出来的，只有团队协作才可能办好事情。科学发展到今天，科研工作需要一批批人、一代代人接力赛似的去完成。"

◎"七五"期间，"青鸟工程"的骨干研发团队在北大俄文楼前合影（第一排左5为杨芙清）

杨芙清说："作为一名科技工作者，必须要有目标，要有理想，更要有从事创新工作的团队。""以事业凝聚人，以创新吸引人，以爱心团结人，以机制稳定人"。以身作则，才能凝聚团队，才能团结一致，共同奋斗，有所成就。这是杨芙清一直坚守的团队建设理念。

张效祥院士对杨芙清有这样的评价——芙清院士的治学为人，我以为可用"远见、胆识、韧性"六个字来概括……她对我国软件工程开拓性的研究和对软件复用和构件技术应用的倡导和引领，都是成效斐然，富有远见……她总是在关键时刻勇于提出和承担高水平、高难度的技术课题，力擎重负，奋力攻坚，展现出她过人的胆识和毅力。任何可观的事业，都不乏艰险和坎坷。难能可贵的是，她能甘于寂寞，坚韧不拔，长期固守，不懈求索，厚积薄发，颇有建树。兼此三点，勾勒出芙清院士的成功之路！

培养人才，传承创新智慧

杨芙清不仅仅是我国著名的计算机软件科学家，而且是一位具有创新教育理念的教育家。

早在 1974 年，杨芙清完成 150 机操作系统后，就及时把在操作系统研制的实践经验整理成《管理程序》。这本书成为当时从事计算机系统研制者的启蒙教材，也成为中国在操作系统方面的第一代教材。

1978 年，杨芙清积极倡导并推动成立了北京大学计算机科学技术系，后来成为该系的第一位教授和博士生导师，并从 1983 年开始任系主任达 16 年。期间，杨芙清主持建设了“计算机软件与理论”学科，注重培养教学科研骨干，加强师资队伍建设，努力创建一流的教学和科研环境，高质量地完成了一批国家项目，带领该系成为国内一流和国际知名的计算机科学技术研究和人才培养基地。

1982 年，国家科委启动建设软件产业，成立软件开发中心，杨芙清任培训中心主任。为培养计算机软件人才，于 1984 年和 1985 年举办了两届软件工程研究生班，聘请国外专家授课，培养的 100 名软件工程研究生，成为中国软件产业起步的骨干力量，同时初步形成了软件工程课程体系。

2001 年，为解决软件产业发展中人才稀缺问题，教育部和国家计委下发了试办示范性软件学院的通知。杨芙清意识到，这是又一个发展契机、又一个崭新的创新平台。它既是解决软件人才匮乏的重要举措，又能实现人才培养新模式和创办高质量学院的探索。

有鉴于此，她立刻就投入北京大学软件学院（2004 年后更名为“北京大学软件和微电子学院”）的筹建工作当中。她提出了“人才培养与产业建设互联互动”和坚持“学生是主体，教师是主导，质量是准绳、服务是手段、终身教育是方向”的教育理念，制定了“坚持创新创业，坚持面向需求，坚持质量第一”的建院宗旨，确立了“面向产业、面向领域，培养高层次、实用型、复合交叉型、国际化人才”的培养目标，提出了“专业教育学分制，素质教育学苑式，产、学、研、用一体化”的办学模式，明确了“全方位深入开展国际合作”的发展战略。这些全新的教育理念，体现了杨芙清作为一位教育家的远见卓识和深谋远虑。

◎ 杨芙清（中）与北大软微学院第一届学生亲切交谈

从 70 岁开始挑战探索工程教育新模式，80 岁又开始关注工程博士的培养，探索工程技术领军人才培养模式，她为了国家产业需求培养应用型工程技术人才，呕心沥血、奋斗奉献，一直都走在教育创新的最前沿。

◎ 2012年，杨芙清在北大软微学院成立十周年暨首届工程博士研究生开学典礼上做题为“面向国家战略需求 培养工程技术领军人才”的报告

杨芙清对于教育有自己独特的理解。她说，古人云："师者，传道、授业、解惑也。"传道，就是传授做人之道，做人应该胸怀理想与抱负，从国家的需要出发。授业，即为传授做学问的方法，举一反三，在这个岗位上可以优秀地完成工作，换了另外一个地方，应该做到同样的游刃有余。对于"解惑"，杨芙清认为这是古人的看法，在现在，则应该是"启惑"，老师应该启发学生的智慧，帮助学生发现问题，让他们自己寻找解决的办法，这样才能从中体会到学问的精髓，"传做人之道，授做学问的能力，教学相长，共同成长。"

"将一生与祖国的兴旺、民族的发达联系在一起，并为此终生奋斗在自己的岗位上，是最有意义的了。"这句话用来形容杨芙清院士是非常合适的。北京大学前校长许智宏院士在《杨芙清文集》（第二辑）序中将"老当益壮，宁移白首之心"送给杨芙清。为国奉献了几乎全部精力的她依然记得在青石板小学堂读过的名句——"穷且益坚，不坠青云之志"。她说，她的一生注定要这样度过。

◎许智宏校长（中）授予杨芙清院士（右）和王阳元院士（左）从教50周年荣誉证书

◎2010年，北京大学党委副书记张彦为获得优秀共产党员标兵称号的杨芙清颁奖

杨芙清院士的人生，是创新的人生，是奉献的人生，是奋斗的人生，也是青春永驻的人生。

荣誉证书

杨芙清教授

荣获北京大学第三届蔡元培奖。

北京大学

二〇一三年九月

◎2013年9月，杨芙清荣获北京大学第三届蔡元培奖

李方华：给科学更好的“眼睛”

简介

李方华（1932.1–）出生于中国香港。凝聚态物理学、电子显微学专家，中国科学院物理研究所研究员，博士生导师，中国电子衍射及高分辨电子显微学先驱者之一，1993年当选中国科学院院士，1998年当选第三世界科学院院士。

李方华常说：“科学与科学家的成长环境密不可分。只有站在巨人的肩膀上，才能取得更大的成就。”

我们都知道，显微镜可以帮助人看到原本不能用肉眼看到的事物，比如细菌的模样或是细胞的结构，让人们得以知晓微观世界的秘密。但受制于磨制技术和玻璃本身的物理性质，光学显微镜的放大能力存在一个难以突破的极限。为了看清更为微小的事物，比如病毒或是矿物的分子结构，科技界引入了电子显微镜。

但不同于光学显微镜，电子显微镜往往并非“所见即所得”。设法修正误差，使高分辨电子显微镜显现的图像更符合真实，便是物理学家李方华深耕40余年的领域。

偶然走入全新领域

还是小孩子的时候，李方华就已经对一些自然界的物理现象很入迷。那时候的她总想搞清楚，为什么下雨以后会出现霓虹，为什么一个石子扔到水里会起涟漪，为什么汽车刹车时人的身体会向前倾……上中学之后她才知道，居然有一门学科能把

○ 李方华（右1）在列宁格勒大学物理系求学时留影

这些现象解释清楚，简直太吸引人了。等到高考，她就毫不犹豫地选择了物理系。

武汉大学的学业结束之后，李方华又来到苏联，在列宁格勒大学物理系深造。1956 年，学成归国的她来到中国科学院物理研究所，开始了基础物理学研究工作的生涯。

从科研新人起步，李方华在最初 10 多年里从事的研究可以说比较驳杂，而且和现在她深耕的电子显微镜领域没什么关系。直到 1973 年，一项新的研究任务改变了她的一生。当时，物理所所长施汝为安排她调研晶体学的发展动态。在了解同行工作和这个领域最新进展的过程中，她发现使用高分辨电子显微镜的显微像（显微镜观察到的图像），正在成为晶体学研究的趋势。这些显微像可以让研究人员直接看到晶体中的原子团，这意味着人们能够直接观察到晶体的结构，或者说晶体中的原子排列，显然更有利于对此进行深入的研究。

○ 1952年李方华（第二排左1）于北京俄专二部留影

敏锐的李方华对此非常兴

奋，人类正在运用一种当年最为前沿的技术，观察一个更为微观的领域。她曾在回忆那一刻时，用通俗的语言解释道：“放大镜可以把物体放大数倍，人们就可以看到物体更多的细节。光学显微镜拥有比放大镜更高的放大倍数，所以在光学显微镜下就可以看清肉眼看不见的细菌。1931 年，英国人恩斯特 · 鲁斯卡和马克斯 · 克诺尔研制了第一台电子显微镜，它的放大倍数比光学显微镜更大，也就意味着分辨本领更高。”

◎ 1993年李方华（前排左1）参加全国研究生院校学生辩论赛

◎ 1986年李方华（第二排左3）参加曾斯卡获奖座谈会留影

当时间进入 20 世纪 70 年代，性能更先进的电子显微镜给晶体学研究带来了新的希望。但这些高分辨电子显微镜远不是一个完美的高倍放大器，因为通过它们看到的晶体结构，可能与真实的晶体结构相差甚远。更麻烦的是，人们难以在电子显微镜内部消除畸变，或者说难以拍摄到没有畸变的显微像。

李方华很快意识到了高分辨电子显微镜的局限性：要用高分辨电子显微像测定晶体中的原子位置，事先必须对被测结构有所了解，知晓一些初步信息；其次，电子显微镜是通过电子束的扫描来工作的，被测晶体必须能耐受电子束的辐照。此外，受电子显微镜的分辨本领的限制，并非全部原子都能显示在显微像上。

○ 李方华在鲁斯卡电镜旁留影

从这时起，她开始认真寻求在电镜外部恢复晶体结构真实图像的方式，也就是把本来不直接反映晶体中原子排列的显微像，转换为忠实地反映晶体中原子排列的图像。而她实现这一理想的关键，是把衍射晶体学引入高分辨电子显微学中，或者说是促成衍射晶体学和高分辨电子显微学两个学科的交叉。她就这样在不知不觉中步入了一个全新的领域，并且为之奋斗至今。

◎ 李方华（右1）听陆学善先生讲解晶体结构模型

不过，在20世纪70年代的中国，李方华只能在业余时间看资料和思考解决方案。而且，很多具体的问题并非仅凭纸面资料和思考推演即可解决，还需要进行一系列实验；但当时的她并没有这样的条件，因为即使在中国科学院也没有她需要的硬件设备。

1977年，又一个绝佳的机会偶然出现在李方华面前。当时，北京市器材公司要进口一台电子显微镜。它虽然并不先进，却是当时国内分辨率最高的电子显微镜。为了能有机会接触这件梦寐以求的科研设备，李方华向研究所领导提出要求，参加电子显微镜的安装验收工作，毕竟她看过许多资料，有知识背景。得到领导支持之后，她就千方百计通过各种渠道联系，去参加电子显微镜的安装。

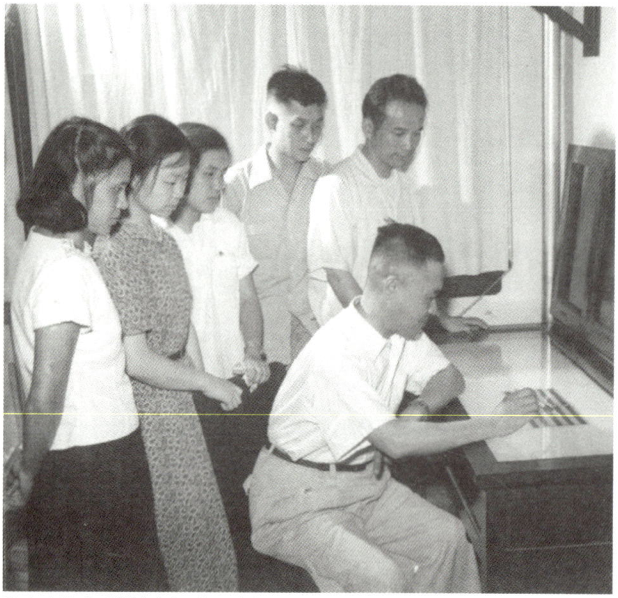

◎ 李方华（后排站立左2）正在学习看底片

北京市器材公司位于灯市口，而李方华家住中关村。于是，她每天早上 6 点钟出发，8 点钟到达器材公司，天天“混”进去参加安装，掌握了操作这件仪器的方法。公司的工程师们为之感动，安装验收后将仪器每星期给她用一天。她回忆说：“本来我们说好，是从早上 8 点用到下班，但到了下班时间，也没人赶我走。我决定用好这一‘天’，就将夜晚利用起来，不睡觉连续工作 24 小时。等到第二天早上 8 点他们的工作人员来上班，我再离开。”

这种状态的研究生活，李方华持续了 3 年多。对电子显微镜机器使用时间的最大限度的利用，使她得以完成一些实验，并且拍下了一些照片。而正是这些照片，为她打开了接触科研前沿的大门。

访日科研接触前沿

1980 年，在中国电子显微镜学会成立大会上，李方华带着她在北京市器材公司拍摄的一些显微像，进行墙报展出。日本大阪大学教授、国际知名电子显微学家桥本初次郎刚好前来参加这次会议，看到李方华的墙展论文之后，当即邀请她去日本进行两年的研究工作。

李方华回忆说：“桥本初次郎先生看了我的墙展论文，感到很有意思。但那时我做的水平毕竟不高，他就邀请我去日本，希望我在他们那里工作两年。”然而，当时李方华的职称是副研究员，按国家规定不能在国外工作

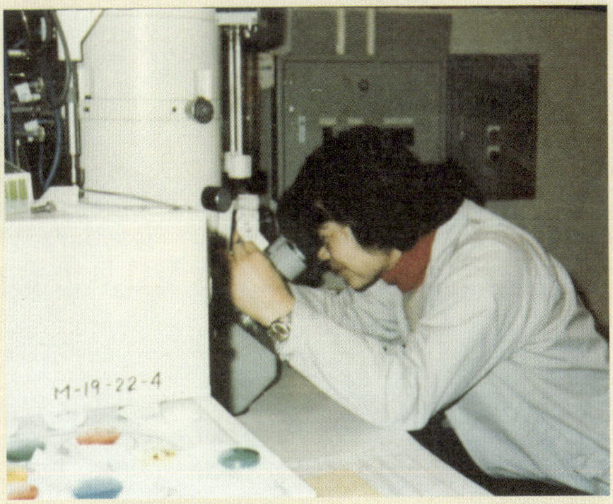

◎ 李方华正在电镜旁做实验

两年，此事便暂时搁下了。

但日本方面并没有因此忽视李方华的学术水平和潜力。1981年，中国科学院物理研究所的领导出访日本，桥本初次郎对他们说："我正在向日本学术振兴会申请，邀约加拿大、英国、瑞典和中国的4位科学家来我们这里进行共同研究，李方华是排第一位的。"第二年，李方华终于作为访问学者来到大阪大学。从那时起，她才真正进入了这个领域，有机会进行高分辨电子显微学的实验和显微像模拟计算工作。

但在日本开展研究，对于李方华来说也有更多的新挑战。她需要做显微像的计算，因而不能不用日本的大型计算机。抱着厚厚的日文说明书，李方华终于弄明白了计算机的操作；但她虽然正确地输入了参数，得到的结果却莫名其妙，令人哭笑不得。同研究室的教师和学生都以为是她操作上有差错；可是她判断绝对不是操作有误，而是使用的计算程序有错。

不过，当时的李方华在计算机程序领域，还只是个初学者。但她也很清楚，这种运行在大型计算机上的程序一定非常繁冗复杂，如果从头到尾检查所有程序代码的错误，将会耗费太长的时间；人在这个过程中一定会疲劳，认真程度会逐渐下降，也就增加了寻找错误的难度。机灵的她便找这所实验室的学生询问，他们是怎么使用这个程序的。经过两三个问题的对答，她很快就明白，其实只需要检查程序中大约 5% 的语句，就可以判断计算结果异常的成因。于是，她花了一个晚上，把程序的错误找了出来并加以改正，计算结果也就正常了。

1998 年 9 月 20 日至 23 日第九届中日电子显微学讨论会在大连市举行，由李方华和桥本初次郎主持。中国学者 22 名（学习生物专业的 11 人，非生物专业的 11 人）和日本学者 17 名出席了会议，发表学术论文 36 篇（生物方面 15 篇，非生物方面 21 篇）。

◎ 1979年5月22日，李方华参加日本宝塚电子显微镜学会会议

如今，回忆起前往日本，并且在那里进行研究的时光，李方华如是说："在我看来，'偶然'其实就是'机会'，将'偶然'事件转化为'必然'成功的秘诀，就是不把偶然当偶然。我很清楚，机会不是一抓就能抓到的，许多机会都是环环相扣的，抓不住上

○ 李方华（右1）与研究生一起讨论工作

○ 六十多岁的李方华自学电脑，是团队里最先学会使用电脑的

一个机会，也就没有下一个机会。比如说，如果我没有抓住北京市器材公司引进电子显微镜这个偶然事件，并且用这件设备拍下照片，就不会有大阪大学邀请我去研究的机会。而在大阪大学的半年，对我后来的研究至关重要。”

在李方华去日本之前，她供职的中国科学院物理研究所已经获得了一台高分辨电子显微镜。在她归国之后，这台仪器就成为她和研究组同事们使用的主要设备。在日本的半年里，李方华观察到许多显微像衬度的现象和规律。虽然其他专家对此不感兴趣，但是她却留了心。回国后，她运用在日本期间获得的灵感，配合国内的新锐设备继续研究，推导出显微像强度的新方程式，建立了新的显微像衬度理论，为电子衍射和高分辨电子显微学相结合建立了理论基础。

深度思维终成伟业

从日本归国后的20多年里，李方华和她的合作者建立了两种全新的电子晶体学图像处理技术，分别用于测定晶体结构和晶体缺陷。前者已成功地应用于一系列新晶体上，它们大都是高温超导体，或者与其相关的化合物；后者则应用于半导体中位错核心的原子配置。这些技术的建立，不仅在理论和技术上推动着高分辨电子显微学和晶体学的发展，而且可以获得各种材料的晶体结构和晶体缺陷。而这些结构信息对解释材料的性质和设计新材料具有重要意义。考虑到半导体材料和高温超导材料对于信息时代人类社会的巨大价值，李方华对电子显微镜图像效果的改进工

◎ 李方华（左1）与李政道等人讨论学术问题

○ 1992年亚太EM会上，王大珩院士（后排左1）为李方华（后排右1）颁发桥本初次郎奖，左前为周光召院长，右前为桥本初次郎

作可谓贡献巨大，也让她得到了来自国外同行们的称颂。

从进入大学并将物理作为自己的专业，到成长为行业专家，在长达半个世纪的基础科研的历程中，李方华是平和而寂寞的，没有喧嚣热闹的生活，没有大江南北的关注，没有官场职务的起伏。回顾起自己走过的科研道路，她十分平静地说："对于有些人来说，从事基础物理研究的确比较艰苦，需要耐得住寂寞；但我认为这个领域其实很适合女性。我上学的时候不知道物理学艰难，搞科研的时候又不在乎什么困难，不考虑提职、拿奖一类的杂事，一心一意做就是了。"

正是凭着这种"一心一意"的态度，李方华创造性地发展了高分辨电子显微学和电子晶体学的理论及分析方法。她是建立并发展中国高分辨电子显微学的代表人物之一，由她与合作者创立的研究方法，也使她成为中国开展电子衍射测定物质单晶体结构的第一人。她在国内首次测定出了晶体中氢原子的位置，这项成就至今仍被国外同行所引用。

李方华将自己的成功归功于青少年时期受到的集中精力和深度思维的训练。她初中时在北平（今天的北京）辅仁女中就读，数学老师张立蓉每隔几星期就会将四五个学生叫到家中，布置一些数学题，让她们围在大圆桌上做。布置完题目之后，老师便忙自己的事去了，并不会和大家讨论。对于老师的这种教学方法，李方华感触颇深："每个人脑袋里都是要装东西的，装一些正经八百的问题和装一些乱七八糟的问题，（带给人的成长）是大不一样的。张老师让我们集中思考数学问题，锻炼了思维能力，也养成了随时随地思考的习惯。"

这种"随时随地思考"而且能很快进入深度思维的训练，令李方华在此后的学习和工作中，能够比别人成长得更快。在研究取得初步成果之后，为了使成果能得到各国同行的广泛承认，她必须能用英语写文章、做报告，传播自己的学术观点。但在当时，中国社会对英语学习并不重视，人们也缺乏学习英语的渠道，因此，李方华直到 20 世纪 70 年代末，才开始学习英语口语和书写。此时，她学生时代受到的训练开始发挥作用，她利用平常炒菜、做饭、洗衣服等家务时间，将生词本搁在身旁，一心二用进行学习。甚至走在路上的时候，她也可以不停地练习英语句型，以至于她的丈夫、同是著名物理学家的范海福院士经常很担心地提醒她："小心别撞车啊！"正是凭着这种对零碎时间的把握，让她很快熟练掌握了英语。

而对待学术研究，李方华更是达到了"除了吃饭睡觉，都在思考"的境界。她把一切零碎的时间都抓了起来，因为"指不定什么时候就想出来了"。不间断的深度思考，最终搭建起了实验现象和理论之间的桥梁。当她观察到实验像和模拟像的衬度随晶体厚度而变化时，她就不停地思考，如何能证明这些现象有普遍性，最终推导出一个像强度公式，解释了这些被观察到的现象。在研究准晶体结构时，她的学生拍摄到一系列电子衍射照片，这是第一次得到反映从准晶体到晶体之间的连续转变过程的照片。经过对这些照片的思考，她最终用相位子缺

◎ 2003年2月26日李方华（左1）在法国巴斯德研究中心演讲

◎ 李方华（右1）在物理所和众多科学家的合影（右3桥本初次郎教授、右4郭可信院士、右5杨国桢院士）

陷解释了这个转变过程，然后推导了准晶体与晶体之间关系的表达式。

“我们知道，当代物理学研究的竞争实际上早已白热化。”李方华说，“世界各国最顶尖的物理学研究者，大都使用商品化的仪器。如果研究团队仅仅是引进最新的仪器，而没有独创性的角度，无疑很难使研究成果达到国际高水平。科学研究的创新，还要靠提出新的思想，在新思想的指导下使用性能出色的仪器，才可能做出新的东西。”

在长期艰苦的科研工作中，李方华患上了心跳过缓的病症。

◎ 李方华（前排左2）全家合影（2018年摄）

为了安装心脏起搏器，她在医院里住了很长时间。在医院期间，她依然没有停止工作和思考，而是主持了“电子晶体学图像处理”和“高技术新材料原子分辨率晶体缺陷研究”两个国家自然科学基金项目。

在对科学孜孜以求的探索中，李方华的人生达到了忘我的境界。2003 年，凭借在电子显微镜领域的研究成果，她获得了有“女性科学家诺贝尔奖”之称的由联合国教科文组织和法国欧莱雅集团共同设立的“世界杰出女科学家奖”。站在巴黎的领奖台上，她说出了自己的心声：“我希望越来越多的女科学家可以像男性一样，登上科学的顶峰。现在，许多年轻的中国人在美国、欧洲或其他国家学习和工作。我希望他们都尽快（学成）回到中国，为自己的国家出力。”

◎2003年3月26日李方华（左3）荣获联合国教科文组织和法国欧莱雅集团共同设立的世界杰出女科学家奖

◎ 联合国教科文组织总干事松浦晃一郎（右1）向李方华院士（中）颁奖

张弥曼：追寻“从鱼到人”的证据

简 介

张弥曼（1936—）出生于南京，中科院古脊椎动物与古人类研究所教授、英国林奈学会会士、瑞典皇家科学院外籍院士，主要从事比较形态学、古鱼类学、中-新生代地层、古地理学、古生态学及生物进化论研究。1991年当选中国科学院院士。

半个多世纪前，年轻的张弥曼为解开四足动物起源的谜团，付出了艰苦的劳动。如今，已是耄耋之年的她，仍然在古鱼类研究领域进行着不懈地探索。

生物学界有一句值得玩味的话：“人其实是经过精心修饰的鱼。”这句话的意思是说，某一类鱼放弃水中生活登上陆地，堪称地球史上里程碑式的事件；包括人类在内的所有更高等的脊椎动物，也就是所谓的“四足动物”，都可以追溯到这个共同的祖先。但究竟是哪一类“坚强”的鱼，可以当得起这样的荣耀？

2018 年 3 月，联合国教科文组织将“世界杰出女科学家奖”授予中国古鱼类学家张弥曼，以表彰她对水生脊椎动物向陆生动物演化过程的研究成就。

半个多世纪前，年轻的张弥曼为解开四足动物起源的谜团，付出了艰苦的劳动。如今，已是耄耋之年的她，仍然在古鱼类研究领域进行着不懈地探索，挖掘脊椎动物演化史上属于鱼类家族的故事。

青年时代，结缘杨氏鱼研究

在北京的中国古动物馆的肉鳍鱼类展区，陈列着一具看上去非常复杂的蜡质模型。如果仔细观察，人们会发现这其实是一个鱼类的头骨，只是被成比例地放大，

张弥曼家庭旧照

以便让研究者能看清更多的细节。它见证着一种如今已经几乎消失的研究方法，还有半个多世纪前张弥曼在遥远的瑞典完成的一项开创性的研究。

从查尔斯·达尔文写作《物种起源》的年代开始，所有的更为高等的脊椎动物，都起源于某一类“勇于登上陆地”的鱼，逐渐成为生物学界的共识。根据史前鱼类和两栖动物化石提供的线索，人们认为肉鳍鱼类中的总鳍鱼是当年的“开路先锋”。这是因为，我们今天所见的大部分鱼类都属于硬骨鱼类，身体里的骨骼都已经完全骨化，而绝大部分现代的硬骨鱼类属于辐鳍鱼类，鱼鳍里没有中轴骨，而是由辐射状的鳍条所支撑；但也有很少一部分硬骨鱼类需要归入肉鳍鱼类的范畴，它们的鱼鳍不是直接连在身体上，而是通过一个像小胳臂的结构与身体连接。古生物学界认为，这个结构与现代陆地脊椎动物的四肢存在演化上的承接关系；对孑遗至今的肉鳍鱼类，比如拉蒂迈鱼的研究，也支持这样的结论。

○1968年张弥曼（后排右1）随地质勘探队在浙江永康磨石山合影

但孑遗至今的肉鳍鱼类，还包括了能够离水生活一段时间的肺鱼。那么，究竟是肺鱼和四足动物的关系更接近，还是总鳍鱼类和四足动物更接近？1965年，张弥曼前往瑞典自然历史博物馆学习的时候，她意识到这个问题很复杂，而且还没有得到解决；但她手中的一件在云南曲靖泥盆纪早期（距今约4.1亿年）地层中发现的鱼类头骨化石，有可能是揭开谜底的关键。因为，这个头骨属于一种后来被命名为先驱杨氏鱼的原始肉鳍鱼类，“杨氏”的属名是为了纪念中国古脊椎动物学的奠基人杨锺健院士。

在现代CT技术尚未出现的20世纪60年代中期，发达国家的古生物学界推崇一种极为艰苦但利于发现细节的研究方法，称为“连续磨片法”。只要化石并非孤本，古生物学家就可以用极为精密的手法，将这件化石逐层打磨，每次只磨去几十微米厚的一层，再涂上二甲苯以增强细节，然后对打磨面进行拍照。

◎ 野外考察期间团队中张弥曼（中排右6）是唯一女性

接下来，研究者需要根据胶片的投影，手工画出打磨面的放大图像，再将蜡倒在图上，压制成薄片并且精心雕琢细节，使蜡的覆盖范围与手绘图像完美重合，就得到了一块合格的磨片。最后，研究者需要将所有的磨片按顺序叠加在一起，得到化石的放大模型，并据此开展研究。这样虽然损失了化石原件，但一些在原件上不一定能看清的细节特征，反而可以在模型上看出来，并且古生物学家有可能据此得出关键性的结论。

为了揭开四足动物祖先的"身世之谜"，张弥曼对自己的化石标本进行了连续磨片。因为每一张蜡模都必须完美地显示细节，所以手工绘图环节就需要捕捉标本上所有的细节，画一张稍微复杂一些的图就需要 10 多个小时。那段时间，她每天晚上只能睡

○ 张弥曼（右5）在瑞典进修期间与老师和同学合影

○ 张弥曼（右）与导师雅尔维克在一起

四五个小时。渐渐地，博物馆里的人都知道这个中国女人“不睡觉”。于是，有人给她搬来躺椅；有人在她桌上放一束鲜花以表达敬意。经过持续两年的艰辛劳动，这件长度只有大约 28 毫米的化石，被转换成了 540 多张厚度不到 1 毫米的蜡模！

当这些蜡模被叠加起来的时候，张弥曼看到了一个震撼古生物学界的事实。按照当时的分类方法，先驱杨氏鱼被归入总鳍鱼类。瑞典的古生物学家们认为，它应该有一对内鼻孔，那是鱼类“登陆”时学会呼吸的关键构造。但张弥曼仔细观察了蜡模，却没有找到内鼻孔。由于她的工作无可挑剔，古生物学界开始重新思考内鼻孔的起源问题。可以说，如果先驱杨氏鱼确实属于总鳍鱼类，那么她的这项发现就严重动摇了总鳍鱼类是四足动物祖先的地位，

◎ 1999年张弥曼（左）与好友Else Marie Friis在一起

“足以改变古生物学的教科书”。

此后，全球古生物学界围绕张弥曼的工作，对四足动物的起源进行了深入的探讨。到1995年，古生物学界普遍认同了她的观点，认定肉鳍鱼类起源的中心地区不是欧洲和北美，而是中国云南曲靖。

半个世纪过去，随着更多的化石证据被发现，杨氏鱼的分类位置被调整到肺鱼一支。今天的古生物学家普遍认为，它属于原始的肺鱼形动物，而它在进化史上的位置接近四足动物的起源点。张弥曼当年精心制作的模型，开启了这个领域持续至今的研究热潮。

薪火相传，接力棒交给年轻人

我们常常将中生代称为“恐龙时代”，是因为最早一批恐龙

◎ 张弥曼向记者展示鱼化石（金帆 / 摄）

诞生于距今 2.25 亿年前的三叠纪晚期；到距今 6500 万年前白垩纪结束时，除鸟类之外的所有恐龙全部绝灭。因此，纵观中生代的三叠纪、侏罗纪和白垩纪这 3 个地质时期，恐龙在大部分时间扮演着重要的角色。而在中生代之前的古生代，古生物学界通常将距今 4.15 亿—3.6 亿年前的泥盆纪称为“鱼的时代”，因为鱼类在这一时期极为繁盛，演化出丰富的种类，是学术上的“富矿”。

但张弥曼认为：“没有我挡在前头，年轻人就能得到最好的化石，没有顾虑地更快上一线，支撑起（古鱼类）学科的发展。”于是，在十多年前，她将自己做了很长时间的泥盆纪鱼类研究，交到了学生朱敏手上，自己则转向了新生代（距今 6500 万年前至今）鱼类的研究。

很快，在张弥曼的支持下，年轻人就有了成绩。2006年，在她70岁生日之际，朱敏将自己的一项重要发现命名为晨晓弥曼鱼，以感谢她的传道授业之恩。3年之后，朱敏在《自然》杂志上发表了引起全世界轰动的成果，即对一种名为梦幻鬼鱼的史前鱼类的研究。

在古生物学界，辐鳍鱼类和肉鳍鱼类“分道扬镳”的时间节点，一直是鱼类进化史上的难解之谜。而梦幻鬼鱼化石的发现，为揭开这一谜团提供了珍贵的线索。这是因为，在志留纪之后被称为“鱼类时代”的泥盆纪，辐鳍鱼类和肉鳍鱼类都已经非常繁盛，所以这些化石记录暗示古生物学家，辐鳍鱼类和肉鳍鱼类的分化，应该在志留纪就已经完成。

◎ 张弥曼在吉林松原开展野外勘察

◎ 张弥曼（右）在向学生介绍研究内容（2018年摄）

梦幻鬼鱼是一种生活在泥盆纪之前的志留纪的晚期，距今大约4.19亿年前的鱼类。它身上有些部位像鲨鱼，有些部位像青鱼，还有些部位像肺鱼。我们知道，鲨鱼属于软骨鱼类，青鱼是硬骨鱼类中的辐鳍鱼类，肺鱼则是硬骨鱼类中的肉鳍鱼类。因此，兼具三者特征的梦幻鬼鱼，正是全世界古生物学家“梦寐以求”的标本，因为不同鱼类的特征在它身上实现了“梦幻组合”。它的发现，正如“鬼才”通常另辟蹊径解决问题一样，为古生物学界探索鱼类进化史指明了一条新路，使关于辐鳍鱼类和肉鳍鱼类分化时间节点的假说一锤定音。

而在新开辟的新生代，张弥曼同样满怀热情，而且继续取得重大发现。几年前，张弥曼与合作者研究了一种长着异常粗大骨

◎ 2011年张弥曼（中）在新疆进行野外勘探

骼的鱼，并将它命名为伍氏献文鱼，以纪念著名鱼类学家伍献文院士。

对于鱼类来说，骨骼过于粗大不是好事情，因为那会挤占肌肉的空间，影响到鱼的有用能力。但伍氏献文鱼并非特例，因为同一时期的其他鱼类，也都有粗大的骨骼。而考虑到这些鱼死亡时的年龄，骨骼的变化不能用病理现象来解释。

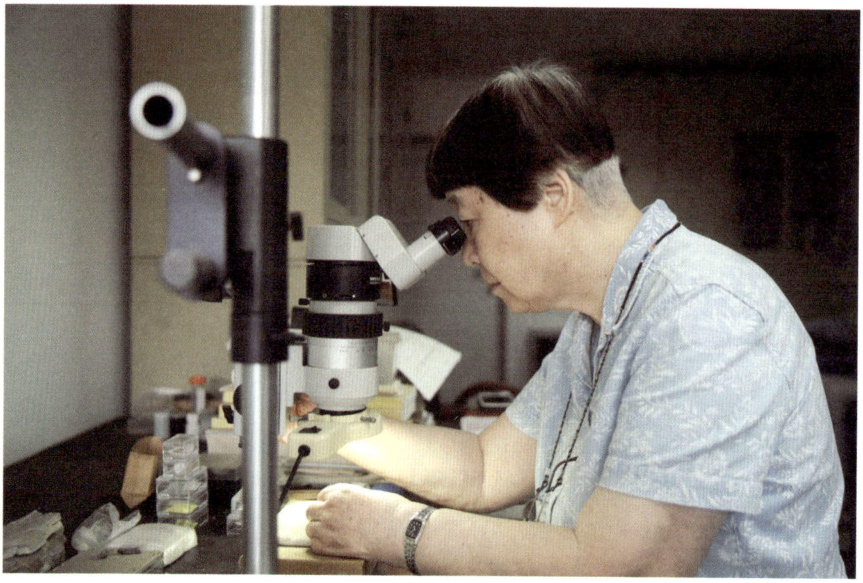
◎ 张弥曼在显微镜下观察标本（侯欣颖 / 摄）

张弥曼根据法国古生物学家对地中海西西里岛、克里特岛等地的古鱼类厚尾秘鲻的研究成果，判断出了伍氏献文鱼骨骼异常粗大的原因。随着印度洋板块与欧亚板块在新生代相撞，使青藏高原隆升阻挡了水汽，导致柴达木盆地走向干旱化。在因为水分蒸发而越来越咸的湖水中，伍氏献文鱼很可能是支撑到最后的一种鱼。可是，尽管这些“补多了钙”的鱼付出了全身骨骼增生的高昂代价，甚至到晚年的时候身上已经没有多少地方可以供肌肉生长，它们仍然成了地质运动导致的气候变迁的牺牲品。

耄耋之年，仍保持开放心态

对先驱杨氏鱼和伍氏献文鱼的研究，无疑是张弥曼学术生涯中的高光时刻。在 60 年的科研履历中，她与古生物学领域可以说是“先结婚后恋爱”。

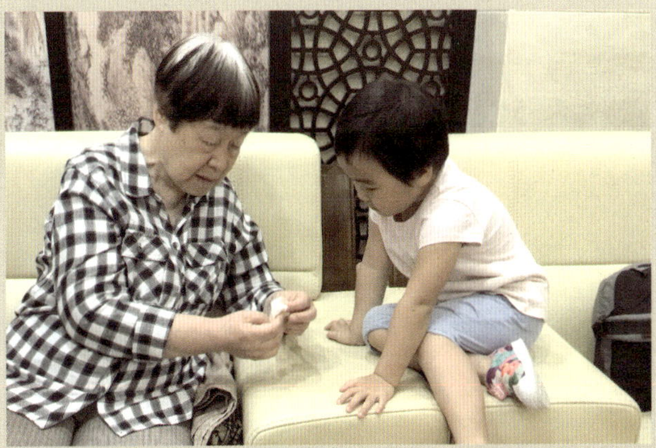

◎ 张弥曼候机时为阎锡蕴院士外孙女小芒果叠小兔子（邱华盛 / 摄）

在获颁“世界杰出女科学家奖”之后，张弥曼回忆说，她的父亲张宗汉是医学生物学专家，在神经生理代谢领域卓有成就。因此，张弥曼少女时代的理想，便是成为医生。但在新中国成立初期，国家号召青年人选择一些国家急需而且基础薄弱的领域，比如与勘测和开发矿产直接相关的地质学。

于是，她报考了北京地质学院（今天的中国地质大学北京校区），又在1955年前往苏联的莫斯科大学学习古生物学，因为对古生物的研究有助于寻找化石燃料，比如石油和煤炭。虽然她当时对古生物学一无所知，却带着一颗求真求实的心走进了古生物学领域，而且越来越发现这个领域非常有意思，便坚持下来直到今天。

在积累素材的同时，张弥曼也注重跟踪国外高水平的研究

◎ 张弥曼在候机期间阅读外文文献

○ 张弥曼在2018年度“世界杰出女科学家奖”颁奖现场发言

成果。早年留学苏联的经历，加之曾在瑞典学习、研究，使她直到现在还能讲流利的英语、俄语。为直接阅读一些欧洲的学术论文，她也学习过法文和德文。她说：“古生物学无国界，这个领域的国际合作和交流非常多，也需要看各种文字写成的学术文献。甚至一些比较古老的文献，是在 19 世纪写成的。如果需要看没有译本的外文文献，我只能苦苦地拿着字典硬查。”

海外求学的经历同样使张弥曼视野开阔，重视国际合作。她以出色的语言天赋和能力，为中外古生物学交流牵线搭桥，又编著了泥盆纪鱼类的英文论文集，向世界推介。正是因为她的长期努力，中国在国际古生物学领域享有重要地位，并且营造出富有活力的学术氛围，涌现出一批新一代古生物学家。

如今，已经走入暮年的张弥曼仍然保持着开放的心态。她计划继续完成杨氏鱼研究，目前还同时进行着对青藏高原边缘的鲤科鱼类咽喉齿的研究。她也深知古生物学研究与科普工作结合的价值，在展示古生物特别是恐龙化石的博物馆里，孩子们对展品充满好奇和求知欲的眼神，还有科普讲座上提出的各种问题，都让她印象深刻。无论是对于专业的研究者，还是对生命演化历程甚至仅仅是对恐龙感兴趣的普通人，保存化石的沉积岩，都如同一本无字的书，使我们得以回望地

◎ 2018年度“世界杰出女科学家奖”现场，张弥曼（右1）与其他4位获奖者合影

球生命走过的历程。通过对化石的深入研究，我们得以厘清地球生命演化的一些重要节点。挖掘化石中“蕴含的故事”，便有可能引起更多人对古生物研究领域的兴趣，乃至最终投身于这个领域。

张弥曼常常说：“到了我这个年纪，做什么项目都行，都可以试试看。”因为她已经不再需要更多的名利，来为自己锦上添花，而是更应该从事一些开辟新研究领域的工作，为新一代研究者奠定更好的起点。虽然她在合著论文上很少署名，但继承了她研究工作的学者们，都深知她以往那些工作的开创性价值。

正如联合国教科文组织在颁出“世界杰出女科学家奖”时，给她的颁奖词所言：“张弥曼仍在继续她的研究，永远坚定地探索着人类的起源，勘测那些在地球和时间中旅行的鱼。”

陈堃銶：
汉字激光照排的“另一半”

简 介

陈堃銶（1936.6–）北京大学计算机科学技术研究所教授、博士生导师，已故著名科学巨匠、汉字激光照排之父王选院士的夫人。她荣获过国家科技进步一等奖、陈嘉庚技术科学奖、毕昇奖等奖项。

她为我国的印刷出版业技术进步，以及以计算机技术改造传统产业做出了重大贡献。在荣誉面前，她如是说：“我就希望，咱们知识分子，还是要有原来的气节和风骨，尽量不要随波逐流，最好自己要有定力，无论什么样的情况下都能够踏踏实实地工作，静下心来。”

我们都知道，汉字处理实现计算机化的关键一步，是由王选研发的汉字信息处理与激光照排技术。在计算机系统性能极为有限的年代，这项技术以独特的方式存储、编辑和输出汉字，使信息庞大的汉字实现了数字化，从而令中国印刷业“告别铅与火，迎来光与电”。这被誉为继北宋时期毕昇发明活字印刷术之后，中国印刷业的又一次革命，也为信息时代汉字和中华民族文化的传播与发展创造了条件。

但很少有人知道，汉字激光照排系统使用的字形信息压缩方案，其实是由王选和他的夫人陈堃銶共同研究的；而系统早期所用的软件，也是出自她的创造。这对科学家伉俪在科研道路上携手并进，各尽所长密切配合，令一项伟大创举终成现实。

王选“最幸运的选择”

身兼中国科学院、中国工程院、第三世界科学院院士的著名计算机科学家王选，曾经在回顾自己的人生时表示，他的一生中有 10 次左右改变人生走向的重大选择，而最为重要也最为幸运的一项，便是与陈堃銶的结合。他们在一个对科研工作者来说最为艰难的时代里结缘，并且在此后的岁月里彼此扶持，一起完成了汉字激光照排这项中国计算机科学领域的伟业。

1953 年，从杭州高级中学毕业的陈堃銶，考入了北京大学数学力学系。4 年之后，作为中国第一届计算数学专业毕业生，她留校进入数学力学系计算数学教研室担任助教。在这个岗位上，她见证了新中国计算机研究事业的黎明。1958 年，北京大学决定研制每秒能运行 10000 次定点运算的中型计算机“红旗机”，在当时，这样的运算速度可以跻身全球前 20 名。北京大学成立了研发团队“红旗营”，陈堃銶在其中负责软件部分的培训与设计，以及各种杂务。在这个团队里，就有她未来的丈夫，同样留校参与科研的王选。

当时，为了更好地了解国外计算机科学的进展，王选养成了看外文资料的习惯，时常请陈堃銶搜集计算机方面的英文资料进行研读。几年过去，在研读国外计算机文献的过程中，王选逐渐领悟到，只有从事软、硬件相结合的研究，探讨软件对未来计算机体系结构的影响，才有助于学术素养的精进。他决定从研制 ALGOL 60 高级语言编译系统入手，而陈堃銶则帮他找到了一本油印的英文资料《ALGOL 60 修改报告》。1964 年，读懂了这部“天书”的王选，开始了 ALGOL 60 编译系统的设计，计划将它应用在 DJS 21 型计算机上。

ALGOL 60 编译系统是国内最早真正实用的高级语言编译系统，而且具有当时不多见的在源语言级上的调试功能。当时，王选每设计好一部分方案，就将它寄到北京大学；而陈堃銶则是负责实现这些设计的几名教师之一，担任系统核心模块的程序设计。后来，这套系统获得了几十名用户，在计算机凤毛麟角的当年，称得上是出色的成就。在《中国计算机工业发展简史》和《中国计算机行业大事年表（1956—1983）》中，ALGOL 60 系统也赫然在列。

一次次科研中的共同奋斗，使王选和陈堃銶从同学和同事成为恋人。当时间进入1966年，“文化大革命”的浩劫开始了。在打击、挫辱知识分子的社会氛围里，王选学习外国资料和英语也成为一种罪行。1967年，就在人们对王选“避之不及”的时候，陈堃銶却主动与他结为夫妻。从此之后，他们一起踏上了同甘共苦、相濡以沫的科研和人生之路。

◎ 1967年陈堃銶与王选在北大未名湖畔

◎ 陈堃銶与王选在北大校园中（1997年摄）

在当时，做这样的选择需要很大的勇气，甚至需要赌上自己的事业。1969年，北京大学参与研制150计算机，陈堃銶调入编译程序组。但因为与王选的婚姻，再加上父亲因在抗战时期是国民党某通讯部门技术负责人而被打为“历史反革命”，她被认为存在“家庭社会关系”问题，入组不到3天就被逐出。而后，她又被派到地质仪器厂，一边搞项目，一边接受“再教育”。不过，是金子在哪里都会发光。陈堃銶成功地解决了一些技术问题，受到工厂欢迎，使身处逆境中的她感到了些许温暖和慰藉。而与此同时，一个新的人生机遇正等待着她和王选。

汉字字模减少了五百倍以上

1975年年初，陈堃銶参加了由北京大学组织的一项关于计算机应用的调研。在这次会议上，她了解到中国已经启动了一项汉字信息处理系统工程。这是1974年8月在周恩来总理支持下设立的国家重点科研项目，所以也称为“748工程”。它包括了3个子项目，分别是汉字精密照排系统、汉字情报检索系统、汉字远传通信系统。

汉字精密照排系统引起了王选的兴趣。他和陈堃銶经过仔细分析，认定这是一个价值和前景不可估量的重大项目。所谓“汉字精密照排”就是运用计算机和相关的光学、机械技术，对中文信息进行输入、编辑、排版、输出以及印刷。在20世纪70年代，欧美发达国家的出版业都引入了计算机照排技术，以取代活字印刷，提高工作效率。而当时的中国，仍然在使用落后的铅字排版和印刷，这不仅限制了出版工作的效率，而且能源消耗大，环境污染严重。

但想要实现汉字的计算机照排，第一步就要解决汉字字形信息的存储问题。王选认为，这样的系统一定要使用“数字储存”的方式，也就是将每个字变成由许多小点组成的点阵，存储在计算机内，每个点对应着计算机里的一位二进制信息。陈堃銶完全同意王选的观点，并且在工作之余参加到王选的研究当中。但他们很快就被汉字字形庞大的信息量惊住了。

我们知道，英文只有 26 个字母，大小写一共才 52 个，字体

◎ 1985年，陈堃銶（右 1 ）在华光Ⅱ型系统鉴定会上做技术报告

和字号再变化，存储量问题也并不突出；其他以拉丁字母来书写的文字，比如法文、西班牙文和德文，字母也都大同小异。而汉字字数繁多，常用字就有五六千个，总量更是数万之巨；在印刷时，汉字又有宋体、黑体、仿宋、楷体等10余种字体，每种字体还有约20种大小不同的字号。为了达到印刷质量要求，五号字大小的正文小字需要由100×100以上的点组成，排标题用的大号字则需要1000×1000以上的点阵。因此，如果将所有字体、字号全部用点阵存储进计算机，那么信息量会高达几百亿字节。

以当时的计算机性能，这是一个无法完成的任务。当时中国国产的DJS 130计算机，使用磁芯存储器作为内存，最大容量只有64KB；这种计算机也没有今天我们熟悉的硬盘结构，只有一个容量512KB的磁鼓和一条磁带，显然不可能储存下如此庞大的汉字信息。

◎从1975年到1993年，陈堃銶与王选把全部精力都投入汉字激光照排系统的研制中，几乎放弃了所有节假日，这是他们在机房工作的照片

王选在研究字典的时候找到了解决问题的灵感：汉字所有的笔画，可以划分为规则笔画和不规则笔画两类。对于撇、捺、点、勾等不规则笔画，

可以在轮廓上选取合适的关键点，将这些点用直线相连成折线，从而确定这些笔画的形状，这是基本的轮廓描述法。横、竖、折等规则笔画，则可以用笔画的长度、宽度等参数表示，这是参数描述法。从这个灵感出发，王选与陈堃銶反复讨论，最终设计出了一套全新的汉字字形信息储存方法。在不失真的同时，它需要的储存空间只是储存点阵所需的五百分之一，甚至千分之一！而且只要存进一套字号，就可以变出大小不同的字号。解决了汉字字模存入计算机的难题，这项用参数表示法的发明比西方早了大约十年。

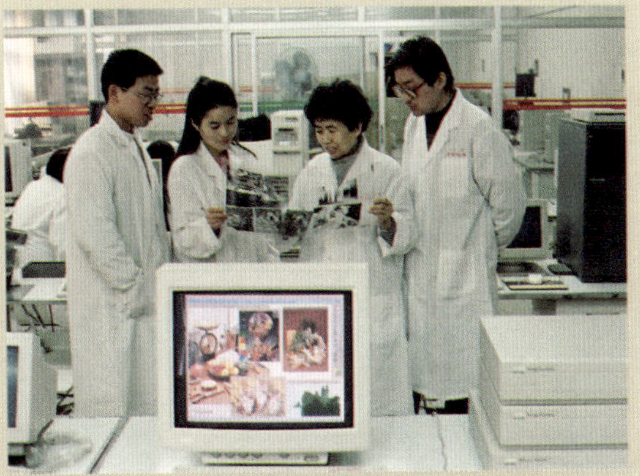
◎ 陈堃銶教授（右 2 ）与年轻人讨论问题

由于王选身体虚弱，陈堃銶向北京大学汇报了这个研究新思路。学校对此十分重视，从各系抽调人员，于 1976 年 3 月成立了汉字精密照排研究的“会战组”，由王选负责总体设计和硬件设计，陈堃銶负责软件设计。为了争取立项，北京大学先后向四机部及新华社等单位介绍方案。王选的身体不好，这些接待与方案介绍大都由陈堃銶承担。

当时担任“748 工程”办公室主任的四机部三局（即后来的

◎2015年，陈堃銶教授（右2）荣获台湾财团法人印刷传播兴才文教基金会颁发的“印刷传播杰出成就奖”

◎2012年7月，陈堃銶教授在王选院士雕像落成典礼上致辞

计算机局）副局长郭平欣，希望到北京大学进行实地考察。他在1976年5月4日指定了11个不同结构的字，要王选和陈堃銶等人，在北京大学研制的6912计算机上，做从压缩信息还原成点阵的模拟试验，并且约定一个半月后来看演示。王选负责做压缩信息，陈堃銶则带领同事与学生

立即投入紧张地编制模拟程序的工作中。由于时间紧迫，6912计算机白天有教学任务，陈堃銶常常将上机时间安排在深夜或清晨四五点钟。过度劳累使陈堃銶的血压一度降到55/70，并且伴有浮肿。经过紧张和辛苦的工作，终于使模拟试验在6月11日提前获得成功，“748 工程”的研制任务终于在9月8日正式下达给了北京大学。

不畏艰难打磨软件

在设计与试验压缩信息的同时，陈堃銶还负责设计整个软件系统。为了学习排版知识，陈堃銶仔细阅读有关排版的技术书籍，查阅了能找到的各类书籍的版面格式，并向印刷厂师傅虚心请教。她也研究了国外排版软件的现状，了解到当时美国和日本的排版软件，大都只能输出一篇篇文章，俗称“毛条”（Proofreading），再用毛条加上书眉、页码等拼成书

○ 陈堃銶教授在查看排版胶片（摄于20世纪90年代）

页，或拼成报纸版面；但与此同时，也出现了少数能整页输出、自动成页的先进的排版软件。陈堃銶决定向国际先进技术看齐，跳过输出“毛条”、人工剪贴成页的阶段，直接研制整页组版和整页输出的排版软件。

1977 年，限于当时计算机的条件，陈堃銶设计的软件只能以批处理方式实现，所以她设计了能排普通书籍和八开小报的 CL 排版语言及其编译程序结构。除了让软件有整页输出功能外，她还在核心部分提出了创新的字符处理类型驱动法，以及其他技术诀窍。另一方面，当时多数排版软件的结果直接适应输出设备的要求，而她为了提高软件正确性，将排版与适应输出设备分解为两个阶段，用不同程序来实现。为此，她设计了排版结果信息数据结构，而这就是在前几代激光照排系统中使用的页面描述语言 BDPDL 的前身，后来，这一描述语言用于报纸版面远传，告别了报纸传真机。

在当时，中国最重要的新闻通讯社新华社，是汉字激光照排系统的第一用户。考虑到它的使用要求，以及当时中国使用的主机 DJS 130 计算机的状况，陈堃銶在 1977 年至 1978 年，设计了可同时运行 4 道程序、具有实时功能的分时操作系统。她还将除了排版外的其他功能分拆为多个命令，设计了命令系统中每个命令的程序结构。这样的设计，使系统每一部分的功能都清晰明了，而且不至于让某一部分的缺陷影响到其他部分的功能，如果发生故障也容易排查。

由于国产计算机硬件条件的简陋，使得软件调试工作变得困难重重。DJS 130 计算机的性能很不稳定，而且只能用汇编语言书写程序，并且用古老的穿孔纸带输入。要上机调试程序，必须先调对纸带，而纸带输入机又不稳定。如果上机时纸带输不进去，就浪费了排班得到的机时。

排版之后想要看到结果也颇为不易，因为照排机同样不稳定，很难正常照出底片。如果等到底片显影定影之后才发现有错误，那么人力、物力、时间都赔不起。因此，陈堃銶和同事们决定使用宽行打印机输出排版结果信息，也就是将汉字的编码以及它的 X、Y 坐标等结果数据打出来，并画在坐标纸上，来判断

◎ 1995年3月11日陈堃銶在做有关排版软件的技术报告

排版结果是否正确。宽行打印机的字轮很不齐，一个数字常常打成上下两个数，正确与否只能依靠经验来推测。

幸运的是，整个激光照排软件的设计是正确的。在克服了设备性能带来的局限之后，1980 年 9 月 15 日，中国第一本用国产激光照排系统照排印刷的汉字图书《伍豪之剑》试排版成功。这本书全文大约 15000 字，讲述中华人民共和国成立前周恩来在情报战线上惩处叛徒的经历，以示对他开启了“748 工程”的纪念。

为了充分考验排版程序，1981 年 6 月 6 日，陈堃銶和同事们又照排出一本有数学公式、化学反应式、表格等复杂版面的样书。1981 年 7 月，原理性样机通过部级鉴定。它搭载的排版软件，除了具有行末、行首自动禁排等一般功能外，还能自动成页、自动形成书眉、页码等。以后，又设计成自动生成目录以及大表格自动拆页等复杂功能。

塑造中国出版事业

从 1981 年起，各个用户单位的计算机系统开始升级换代，软件必须与之适应。陈堃銶不顾自己长期便血，坚持完成了原理性样机鉴定会和升级所需的编程工作，方才前往医院检查，不幸被确诊为直肠癌。在癌症手术恢复后，她又返回了工作岗位，负责升级之后新系统的联调与测试。经过一年的测试之后，1985年5月，新的华光Ⅱ型照排系统顺利通过国家级鉴定，并通过了新华社用户验收。中国第一个自行设计的实用电子排版系统，开始用于每日生产。

此后，为了缓解中国科技书籍出版难的问题，陈堃銶又主持了华光Ⅲ型系统软件的研制工作。科技书籍常常涉及形形色色复杂的数理化公式和符号，要铸造专用铅字字模耗时又费力，因此出版流程时常延误。到20世纪80年代中期，这个问题积累到了令人难以忍受的程度，1984年就应该出版，但到1986年还没能出版的科技图书，竟然多达3826种。有鉴于此，陈堃銶对排版软件进行了针对性的改进，使它能够用于科技公式的排版。1986年，华光Ⅲ型系统与服务科技文献排版的科技版软件通过了部级鉴定；铁道出版社也在同一年引入这套系统，一举解决了积压已久的书籍出版问题。

○ 1987年，陈堃銶（第一排右3）与王选和北大计算机所的学生们在华光Ⅲ型系统前留影

华光Ⅲ型系统的另一个广为人知的技术分支，用来排版报纸的交

互式大报版排版软件，也离不开陈堃銶的指导。1987 年 5 月 22 日，《经济日报》在中国首家采用激光照排，出版了世界上第一张用计算机屏幕组版、用激光照排系统整版输出的中文报纸。到 1988 年，经济日报社引入了更为进步的华光Ⅳ型激光照排系统，并且扔掉了沉甸甸的铅字，成为中国第一家“告别铅与火、迈入光与电”的报社。这一时刻，足以载入中国印刷史册。

1992 年之后，陈堃銶退出了编程第一线。此后，她致力于搜集国外的技术情报，以及培养计算机领域的新人。作为北京大学计算机研究所的教授、博士生导师，她对学生要求十分严格，尽力培养他们的独立工作能力，因此绝大部分学生在毕业后，成

○ 1991年6月12日，在国家科委组织的《科技日报》社远程传版、局域网络、光盘检索国家验收会期间，陈堃銶教授（右）与北大老校长周培源教授在一起

◎ 2008年陈堃銶教授（右5）被中国版权协会授予“中国版权产业风云人物”

为软件技术领域的优秀人才。

尽管王选一直认为，如果没有陈堃銶，便没有汉字激光照排；但在系统研制成功并且广泛应用之后，向来淡泊名利的陈堃銶选择了退居幕后。她不愿接受采访，也多次拒绝报评院士和奖项；即使她是贡献了某个创新成果的主力，也不愿意署名在后，甚至拒绝署名。对于这些选择，她多次表示，自己的才能并不出众，是这些研发项目给了她锻炼能力与创造的机会。并表示，自己从被逐出到能够进行科研与创新，并取得一些成绩，已经非常满足，别无他求了。

钱易：着眼生态文明，抵御环境危机

简　介

钱易（1936.12—）江苏苏州人。清华大学环境学院教授。曾任中国科学技术协会副主席、全国人大环境与资源保护委员会副主任委员、世界工程组织联合会副主席、世界资源研究所理事会成员等职务。1994年当选为中国工程院院士。

她致力于研发适合中国国情的高效、低耗废水处理新技术，包括厌氧生物处理技术、氧化塘处理工艺与技术、流化床构造的改进等，尤其对难降解有机物生物降解特性、处理机理及技术进行了卓有成效的研究。

她是国学大师钱穆之女，也是清华大学环境工程系教授。在科研生涯中，她针对中国水资源紧缺的现状，致力于研发适合中国国情的高效、低耗废水处理新技术，降低水污染的威胁。

少年时接受的国学教育，又使她关注古代中国人与大自然和谐共处的智慧，以及其中的科学因子，并将它们传播给更多的人。在中国着力建设生态文明的大背景下，对可持续发展理念的传播，已经成为她倾力而为的事业。

家学有渊源，敬母上讲台

一间座无虚席的大礼堂里，耄耋之年的钱易对着台下的中学生侃侃而谈。她用生动的语言，将全球环境危机的现状和人类解决环境问题的努力，渐次展现在听众面前。

○ 钱易院士在向青少年传播有关环保的科技知识

向公众特别是青少年传播有关环保的科技知识和理念，是钱易乐于为之的事情，因为这同样属于教育的一部分。在从教将近60年之后，她仍然保持着少年时代立志从教的初心。

钱易的父亲，是著名的教育家，与吕思勉、陈寅恪、陈垣并称为“史学四大家”的钱穆先生。在这个重视学问和教育的家族里，还走出了著名教育家钱基博和文学巨匠钱钟书，以及力学大师钱伟长等学界泰斗。良好的家风和深厚的家学渊源，使钱易早早立定了从事教育工作的志向。

“当我还是个小孩子的时候，我就知道教师是一个非常神圣的职业。”忆及自己的童年，钱易如是说。在她童年的记忆里，父亲钱穆专注于学术，经常在书房里聚精会神地研读古籍，通常不容许别人打扰；而她的母亲张一贯，是一位优秀的教师，也是幼小的她心中的榜样。钱易动情地回忆：“母亲的教师身份和专业能力，使她深受邻居们的欢迎，大家常常会把孩子送到我们家，请母亲辅导功课。那时候，我还没有到上学的年纪，但已经能隐约感觉到，

○ 受家庭环境的影响，钱易在少年时代就有了从教的想法

教师是‘被人们需要’的。”

独特的家庭环境，从两个方面塑造了钱易的人生。少年时代积累的国学功底，使如今的她在传播生态文明建设和可持续发展的理念时，常引用对《论语》《孟子》《庄子》《荀子》等中国古代典籍，展示先贤们对“天人合一论”的既朴素、又深情的论述，让现代人重新认识中国优秀的传统文化。另一面，她也选择了和母亲一样的道路，成为一名教师，将自己头脑中的知识和对环保的理解传递给后人。

环境现危机，研究新工艺

作为中国工程院为数不多的女性院士，钱易有着辉煌的科研履历。1952 年，钱易考入上海同济大学，也就是在这一年，面临全国高等学校院系调整。调整后的同济大学，成为一所多科性工业大学，重点为国家培养工程技术人才。

钱易进校后，正面临分专业，同济大学下属有很多实力强的专业，而老师们动员大家选择卫生工程专业（又称给水排水专业）。这是因为，人的生存离不开水，聚集了大量居民的城市，更是需要洁净的水源才能保证人们的生命安全和身体健康，从而确保基本的生活质量。因此，给水排水的相关知识，在城市建设中不可或缺。钱易听了老师对这个专业的介绍，抱着强

◎ 1999年，钱易在太原做“清洁生产与可扶持发展”的演讲报告

烈的社会责任感报了名。那时的她深知进入这个领域的艰难，也从此打定了好好学习报效祖国的决心。

苍天不负苦心人，在1956年的毕业论文国家考试中，钱易的努力被清华著名卫生工程专家陶葆楷教授看在眼里，她成为陶先生门下的弟子。1959年，她以优异成绩毕业并留校任教后，作为陶教授的助手，开始了对水污染防治的研究。

新中国成立以来，中国在短短的数十年间，工农业生产方面取得了前所未有的发展成绩。但随之而来的环境隐患也着实令人担忧。许多工业生产线都缺乏对工业排放污染物的有效处理，直接排放的工业污水不仅会造成河流的污染，而且能对土壤和地下水都产生污染。因此，开发清洁有效的污水处理技术，尤其是对于难降解的有机物进行有效降解，便成为国家亟待解决的问题。面对燃眉之急，钱易所在的团队着手加紧寻找解决的办法。

经过钱易和团队成员数十年来的不懈努力，他们终于找到了应对难降解有机物的办法，那就是厌氧生物处理方法。这种方法对于难降解有机物有较强的降解能力，可以用来处理很多种不同的工业废水，比如焦化废水、印染废水、制药废水等，而且都比只用好氧生物处理法收效更明显。由于厌氧生物处理方法的这种能力，钱易团队进一步提出了“厌氧—好氧生物处理串联工艺”，使工业废水经过两种不同的生物处理流程，而两种方法则各尽所能，使工业废水得到更好的处理。如今，这一技术已经应用于生产，并得到了国内外同行的广泛关注，还斩获了不少奖项。

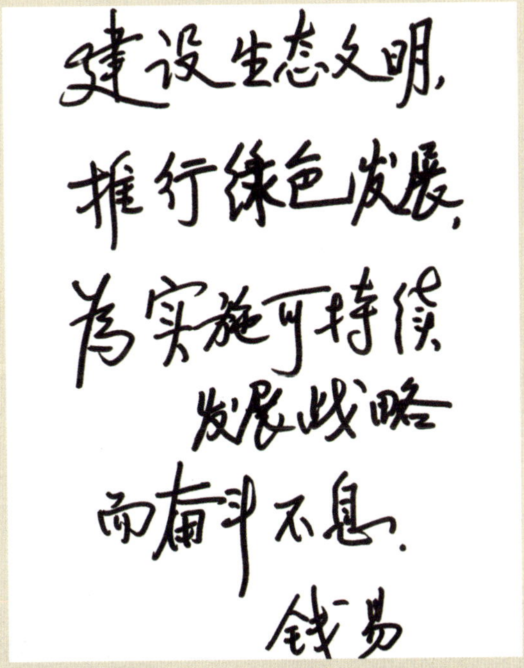

○ 钱易院士的题词

在解决污水处理问题的同时，钱易更是致力于推广清洁生产、污染预防和循环经济的理念，从源头减少水资源被污染的可能性。在水资源管理方面，她参与了中国工程院的流向战略性咨询项目，为水污染防治、水资源管理提出了很多战略性对策建议，并被有关部门接受。在全国人大环境与资源保护委员会工作期间，她还曾参与《清洁生产促进法》《循环经济促进法》等法律法规的制定工作之中，使环保和节约资源的生产方式与经济模式在法律层面得到鼓励。

乐此不疲，致力环保科普

在科研工作之余，钱易也同样热心于科普工作。在她看来，保护环境、建设生态文明、实施可持续发展是全民的事。从事环保领域研究的科学家，在科普方面有着独特的价值。对公众环保理念的塑造，有助于将环境问题遏制在萌芽状态，而不至于待到

○ 钱易院士在向公众做科普讲座

污染真正发生，再走“先污染后治理”的老路。

清华大学化工系的一位教师在科普方面所做的工作，也使钱易十分受触动。他看到很多学生因为化工行业固有的危险性及“化工企业导致严重污染”的社会舆论，而不愿报考化工系，就做了大量科普工作，包括写书、出版视频资料、举办讲座等，告诉大家化工行业应该也正在实现“绿色转型”，化工行业会为人类造福而不是危害人类。通过这样的科学传播工作，一部分学生对化工有了更深的了解，并且寻回了自己最初的志向，投身于化工行业“绿色转型”方面的研究。这个例子，也让钱易更加深刻地感受到，她作为环境领域的专家，迫切需要面向公众进行环保科普。

“中国有句古话：‘勿以善小而不为，勿以恶小而为之。’中国的人口数量庞大，很微小的资源浪费或者破坏环境的行为，比如不关紧的水龙头或者楼道里的‘长明灯’，如果乘以庞大的人口，其后果都是惊人的。”钱易说，“如果我们让尽可能多的人树立起环保意识，比如懂得节约用水，并引入现代技术帮助人们在日常生活中节约水、电等资源，也会产生巨大的积极效应。如洗澡和洗衣服的时候，让水龙头只在需要的时候开启。这些微小的措施，如果推及全国，便可以节约可观的资源。在这些环保理念的基础上，如果中国大地上的每一座工厂，无论体量大小，都能重视起排污问题，我们也会收获更为清洁的环境。”正因如此，环保科普成为令钱易乐此不疲的事业。

○ 钱易倡导“推行绿色能源，绿色发展”

2015年3月24日，习近平主席主持中共中央政治局会议，通过了《关于加强推进生态文明建设的意见》。这份文件指出，中国“必须加快推动生产方式绿色化程度，加快发展绿色产业；必须加快推动生活方式绿色化，实现生活方式向勤俭节约、绿色低碳、文明健康的方向转变；必须弘扬生态文明主流价值观，把生态文明纳入社会主义核心价值观体系，形成人人、事事、时时崇尚生态文明的新风尚；必须把制度建设作为推进生态文明建设的重中之重，深化生态文明体制改革，尽快出台相关改革方案；必须从全球视野加快推进生态文明建设，把绿色发展转化为新的综合国力和国际竞争新优势。”自此之后，“生态文明”迅速成为一个时常出现在媒体和公众生活中的“热词”。

当年秋天，中国共产党召开十八届五中全会，环境保护、“绿色发展”成为会议公报的重点之一。公报对环境治理和环保理念的传播给予了同样的重视，针对前者，公报要求：“加大环境治理力度，以提高环境质量为核心，实行最严格的环境保护制度。深入实施大气、水、土壤污染的防治行动计划，实行省以下环保机构检测、监察、执法的垂直管理制度。”针对后者，公报则指出：“坚持绿色发展，必须坚持节约资源和保护环境的基本国策，坚持可持续发展，坚定走生产发展、生活富裕、生态良好的文明发展道路，加快建设资源节约型、环境友好型社会，形成人与自然和谐发展现代化建设新格局，推进美丽中国建设。”

针对人人、事事、时时崇尚“生态文明”的全新趋势，可持续发展教育成为钱易近几年工作的重点。通过名为《生态文明建设与可持续发展》的讲座，她再一次引导人们重视工业革命以来地球面临的资源、环境和生态问题，特别是发生在20世纪中期的八大著名环境公害事件，以及走向工业化的当代中国不容乐观的环境形势。

她在讲座中指出，近年来，中国的雾霾天气日益增多、扩大、延长，从污染物上分析，相当于半个多世纪前伦敦烟雾事件（煤烟型污染）和洛杉矶烟雾事件（污染物以二氧化硫为主）的叠加，已经严重影响了人民群众的身体健康和生产、生活。同时，和世界上很多地方一样，中国的河流、湖泊、海湾水质堪忧，土壤污

◎ 钱易院士在青少年科普讲座后向学校赠旗

染也已经危及农作物质量和公众的食品安全。在近年来降低碳排放以遏制全球气候变暖的政治议题中，中国也同样引人注目。这是因为，中国的二氧化碳排放总量已居世界首位，人均排放量也已经超过世界人均值；中国每年二氧化碳排放量的增值，已经是世界总增值的 70% 左右，因此，不仅是发达国家，很多发展中国家都要求中国等新兴的发展中国家承担减排责任。

有鉴于此，中国迫切需要实施可持续发展战略。这是因为，中国人口众多，因此人均资源拥有量比世界人均资源拥有量少得多；近 30 年来，中国的经济发展速度远远超过了世界上工业发达的国家，但中国还是一个发展中国家，仍然需迎头赶上；中国经济增长方式依然粗放，突出表现在资源消耗高、环境污染重，亟须利用好有限的资源，减少污染的排放，方能拥有更好的发展前景。在面临环境危机的中国，钱易的高端环保科普正在显现出越来越巨大的价值。

“最美教师”感到后生可“慰”

2015年秋天，在第三十一个教师节来临之际，由中央电视台和光明日报社共同主办的2015“寻找最美教师”大型公益活动的颁奖典礼上，钱易荣膺“最美教师”的称号。而在此之前，她已经两次获得了清华大学的“良师益友”奖，这得益于她教授的课程有意义，得到了学生的好评。熟悉她的人都知道，尽管她的学术、社会活动和科研工作异常繁忙，但不管有多忙，在她的日程表上，教学和学生的成长永远被排在第一位。

○ 钱易与学生们在一起

不仅如此，每逢学生组织学术交流会或是学生要做学术报告，除非出差在外，钱易都会赶来，像学生听课一样认真听取大家的发言，之后与同学们一起认真讨论。谦和民主的态度，使同学们愿意与她交流；甚至，不少学生的博士课题，就是在这样的研讨中获得的灵感。所有这些付出，都是因为她希望看到自己学生的成长，特别是其中潜质极佳的才俊能够脚踏实地，将校园中所学的知识应用于环保实践。

2015 年夏天，钱易以“导师代表”的身份，参加了“清华大学2015届赴西部、基层、重点单位工作毕业生表彰、出征仪式”。在这次大会上接受表彰的学生当中，就有钱易的得意弟子谢淘博士。当时他即将奔赴江西省，投身于基层环保工作。钱易介绍说，她的这位得意门生，不仅在科研方面有所建树，还放弃赴美深造

○ 钱易工作了60多年的清华大华校园一角

的机会，毅然成为中国生态文明建设的引领者和担当者。

如今，耄耋之年的钱易仍然奋战在教学和科研的第一线。回望自己超过半个世纪的教学生涯，她以“改一个成语”的独特方式进行了总结：“中国人常说‘后生可畏’，‘畏’这个字代表着‘畏惧’，显现出（老师）害怕学生超过的意味。但作为一名老师，我更常常体会到‘后生可慰’的感觉。看到很多学生都取得了骄人的成绩，（在学术上）超越了我，我衷心感到欣慰和幸福。”

后 记

钱易回忆说：“改革开放以来，我开始接触到一些国外的信息，知道了国外正在大力推行‘清洁生产’，就是在工业生产过程中注意节约资源，减少污染，达到经济效益和环境效益的双赢，感到茅塞顿开，很快接受了这种在源头防治污染的新理念，并开始与同仁努力在国内推广。

◎ 钱易院士

“1992 年联合国环境与发展大会提出了可持续发展战略，号召世界各国都要为当代人民和子孙后代改变发展模式，我更感到这是所有环境工作者以至各行各业的所有人应该努力的正确方向。

“1993以后，我被聘任为中国环境与发展国际合作委员会（CCICED）的委员，与很多中外委员共同商讨中国的环境与发展大事，每年汇总的建议都会呈交至国务院。当时的委员会主任是宋健国务委员，委员会下设若干工作组。

“第一届委员会中，我参加的是孙鸿烈院士领导的‘科学研究，技术开发与培训’工作组，在讨论中我再三提出应该大力推行清洁生产的研究、开发和实施，得到了大家的支持，并多次被写进工作组的战略建议，结果生态文明建设与可持续发展‘清洁生产’工作组，我被指定为组长。工作组中汇集了一批中外专家，大家志同道合，努力工作，对推进清洁生产工作应有的政策及措施提出了很多建议，大多都被国务院接受并交付有关部门实施了，我们还深入一些省市推动进行宣讲教育，推动了清洁生产示范工作。

◎ 钱易院士（右）被评为“最美教师”

“受到德国制定‘循环环境与废物利用法’的启发，我们建议将工作组名称改为‘循环经济与清洁生产工作组’，得到了委员会的批准，这个工作组也做了大量工作，如政策建议，宣传教育，地方推广等，还在2006年编写出版了《清洁生产与循环经济——概念、方法与案例》，成为中国环境与发展国际合作委员会研究成果丛书之一。

◎ 钱易院士（左2）参加清华大学生态文明研究中心成立揭牌仪式

“总之，参加中国环境与发展国际合作委员会的经历与体会，是我终生难忘的，我努力对国家做贡献，又得到了向中外专家学习的好机会，更看到了努力奋斗产生的社会影响，我得到了最大的享受。

“联合国环境与发展大会对我的另一个启发，就是认识到对青年人进行可持续发展教育的重要性，我一方面着手准备为大学生开设《环境保护与可持续发展》公共课，一方面给学校领导写了建议书，希望开展‘生态清华园’的建设活动，包括教育、科研和校园建设各方面，得到了当时清华大学王大中校长的大力支持，王校长组织不少人讨论了我的建议，最后决定开展绿色大学建设，是1998年正式启动的，至今已二十年，在推进绿色教育、绿色科技、绿色校园建设三方面都做出了很多成绩，并正在继续努力，争取更大的成就。

“我也在1998年正式开设了《环境保护与可持续发展》公共课，面向全校各学院各系，选修的学生很多，400人的教室还不能满足要求，因此，原来每年一次的课，后来改为每学期一次，至今已经有一万多学生上过这门课了，学生普遍反映有收获，他们还能联系自己的专业思考如何保护环境、坚持可持续发展，并在班级中互相交流。目前这门课还在进行中，学院领导担心我年龄大了，还分配了三位年富力强的教授与我分担，保证这门课可以可持续地进行下去。

“21世纪初期，我就十分关心生态文明建设，党的十七大、十八大、十九大都对生态文明建设提出了明确的指示和很高的要求，习近平主席有关‘绿水青山就是金山银山’‘生态兴则文明兴，生态衰则文明衰’以及‘决不能牺牲环境换取一时的经济增长’等教导和对生态文明建设的具体引导，使全国出现了前所未有的生态和环境保护的大好局面。我除了在原有的公共课中增加了有关生态文明建设的内容外，还常为学校继续教育学院、公共管理学院等主办的一些干部培训班讲《生态文明建设与可持续发展》的课，也受到了干部们的欢迎。

○ 钱易院士（中）参加中国高校生态文明教育联盟大会

“清华大学不同学院有很多教授都十分关注生态文明建设，我们经过切磋讨论，经学校领导批准，在2017年成立了清华大学生态文明研究中心，大家不为名，不为利，只为做好生态文明教育，加强生态文明科研，把中国建成美丽的生态家园，已经开设了《生态文明建设》公共课，编写了有关教材，还举办了一次‘生态文明建设’国际论坛，取得了成功。目前，我们还与南开大学等兄弟院校合作，发起建立了中国高校生态文明教育联盟，并已得到了批准，正在积极开展这方面的工作。”

（注：后记文字由钱易院士补述）

王静康：中国工业结晶之母

简介

王静康（1938.4—）中国工程院院士。2008年至今，被聘为英国化学工程师学会（IChemE）会士（Fellow）。现任天津大学化工学院教授。中国工程教育专业认证协会化工与制药类专业认证委员会主任。教育部天津化学化工协同创新中心学位委员会主任。

“中国的钾资源非常少，钾肥70%靠进口。后来经过勘查，发现青海盐湖中氯化钾含量很高，如果能够从中提取到钾盐，就能解决工农业生产的燃眉之急。”她如是说。她的攻关成果三次被列入国家重大科技成果推广计划，完成工程项目46项，为大型化工、医药企业重点工程设计建成16条新型工业结晶生产线。

她用几十年的时间，带领团队奋战在科研第一线，实现了中国高端医药产品精制结晶技术的研发与产业化。

她作为第一完成人，带领团队发明的粒子过程晶体产品分子组装与形态优化技术，获得国家技术发明二等奖。

她作为一名老师，无愧于“人类灵魂的工程师”称号，培养了一批又一批莘莘学子。她的学生深情地说：“您用心中全部的爱，染成了我青春的色彩；您用执着的信念，铸成了我性格的不屈……老师，我生命的火花里闪耀着一个您！”

她勤谨认真，获得国家科技进步二等奖，教育部科技进步一等奖，国家技术发明三等奖，第十七届中国专利优秀奖，新型工业结晶技术与设备（推广类），中国侨界（创新成果）贡献奖，第八届高等教育国家级教学成果一等奖……在荣誉面前，她不骄不躁，继续前行。她说自己像一株风雨飘摇中的小草，在父母、师长的关心爱护下，才长成了茁壮的

◎ 南开女中高二级师生合影（最上排右1）

◎ 王静康在设计结晶过程控制系统留影

大树。

她，就是天津大学化工学院化工系教授、博士生导师，中国工程院院士，科技部国家结晶科学与工程国际联合研究中心主任，中国工程院院刊 *Frontiers of Chemical Science and Engineering* 主编——王静康。一个在天津大学，几乎人人耳熟能详的名字；一个总是充满干劲和活力的科技精英。

父辈峻峭风骨，儿女薪火相传

王静康的父亲、老师、丈夫都曾是旅居国外的学者，虽然年代不同，性情各异，但是都有一个共同的信念——祖国的利益高于一切，该信念一直引导王静康前行。

王静康的父亲王恩明在南开中学读书时，爆发了历史上有名的五四运动，同年 10 月，天津 5 万学生与警察发生冲突，造成罢课和市民请愿活动。王静康父亲带着“学好科技、科技救国”的理想，1920 年中学毕业后就勤工俭学赴美留学，在普渡大学学习化工冶金专业。因为学习成绩优秀，王恩明 1924 年毕业后立即被美国最大的钢铁公司——匹兹堡卡耐基钢铁公司聘用为工程师，其优厚的工作待遇、优越的生活条件与工作环境都没有使他留下。渴望以实业救国的王恩明在 1926 年回到了祖国，在秦皇岛耀华玻璃厂任副总工程师。正当他竭尽所能发挥自己所学的时候，抗日战争暴发了。目睹日本军队侵华对同胞的欺辱，王恩明义愤填膺，就在日本人接管耀华玻璃厂时，他誓死不当亡国奴，立刻提出了辞职。为了留住这位卓有才技的工程师，日本人软硬兼施用尽了手段，先把他关押起来，许下高官厚禄；被拒绝后就恼羞成怒，对他进行严刑拷打，直到住院病危，他也坚决不为日寇做事。1942 年王恩明带着满身伤痕，举家迁到天津，当时因为没有工资，家里异常贫困，父母节衣缩食，全力支持王静康他们上学受教育。王恩明时常嘱咐王静康他们的话是："学好科技，报效国家。"他用不屈与傲骨完美地诠释了："拒绝富足，成就气节；铭记祖国，造就伟大。"王静康和兄弟姐妹都牢牢记住了父亲的话，以父辈为学习的榜样。抗战胜利后，王恩明应著名化

◎ 王静康（左1）与父母、哥哥王仪康、王仁康、王健康及姐姐王瑞康的全家福

○ 王静康在查阅资料

学家侯德榜的邀请，再度赴美参考国外的化工厂模式，为中国未来的化工厂做设计工作。为了参加新中国建设，王恩明冲破重重阻力取道日本及中国香港，毅然回到了祖国。1949年他作为海外归来的爱国科学家的代表，被邀请出席了新中国开国大典。因工作业绩较突出，1956年被国家提升为我国第一批一级工程师。王恩明一生虽然历经坎坷，但一直对王静康他们说："作为中国人，就应该为自己的祖国努力工作，我为此回国工作，决不后悔，希望你们都致力科学研究、为国奉献。"

王静康母亲娄淑英，以优异的成绩毕业于天津女子师范学院，全力支持王静康父亲的工作。王静康兄弟姐妹共五个，母亲春风化雨、循循善诱地教育他们，为他们提供了宽松而健康的成长环境。王静康回忆道，从小家里面最多的就是书，母亲从小就为我们讲花木兰、居里夫人等中外名人的励志故事，这种巾帼不让须眉的精神，在我们幼小的心灵中生根发芽。

王静康父亲最渴望的事，就是为国家做出新贡献。在王静康母亲的教导下，王静康和兄弟姐妹，从小立志要做跟父亲一样的人。王静康二姐王瑞康从医，为天津胸科医院专家级主任医师，王静康的三个哥哥也都继承了父母“科技强国”的理想，从事工科，大哥王仪康为中科院研究员，他曾作为第一人获国家科技进步一等奖，二哥王仁康为国防部工厂的高级工程师，三哥王健康为大学教授，

◎ 王静康（右3）和同事正在进行科研工作

真可谓“一门皆俊杰”。他们都以实际行动来证明他们未辜负父母的期望。

铮铮风骨华夏根深，言传身教指引前行

王静康在天津南开女中毕业后，顺利考入天津大学化工系（有机合成专业）。天津大学是中国第一所现代大学，素以“实事求是”的校训、“严谨治学”的校风闻名中外。

1960 年 7 月，王静康天津大学本科毕业，并获得留校任教师的资格。但是那一年，正值全国开始考试招收研究生。为了继续攀登科学高峰，1960 年 10 月王静康从天津大学辞职，报名参加考试，并如愿以偿地成为天津大学正式录取的第一批考试入学研究生，更有幸的是投到了著名化工专家张建侯教授的门下。张建侯教授学业有成，得到了美国麻省理工学院的博士学位后，拒绝了高薪留美国工作的邀

○ 王静康（左1）与好友合影

◎ 王静康教授在讲解自己的研究成果

请，1951 年毅然回国，是留学归来的爱国教育家、科学家。1988 年张建侯教授获得国家教委科技进步奖，也是国务院学位委员会第一届学科评议组成员。

王静康的导师张建侯教授，平时为人十分和蔼，但是在学术问题上却一丝不苟、严谨求实、精益求精。他对学生的要求是：70 分以上才算考试及格。张教授说“为国争先，时间不等人”，常常挂在嘴边的是研究生做科研期间没有节假日之说。他不但要求研究生这样，他自己也是这样以身作则的。即使在寒暑假期，张教授每天上午与下午都亲自到实验室来指导与检查，即便是春节也不例外。他要求研究实验数据要三次重复后才确认为如实。为了掌握国内外的资料，他要求王静康他们查阅国际与国内的参考文献，而且必须写出所阅读参考文献的起止页码，因为他会亲自去查对文献。他对实验记录更是要求严格，写错了不能涂改只能重写，免得被误会为故意修改数据。他说，做科研必须实事求是、一板一眼。应该怎么做科研，怎么做记录，怎么做总结，这一步步的流程，张建侯导师都亲自指导。他的谆谆教诲潜移默化地影响着一代代莘莘学子，王静康更是从导师的言传身教中获益匪浅。

1965 年研究生毕业后，服从国家支持西部地区的需要，王静康前往贵阳市贵州工业大学工作。1972 年因国家急需发展纺织工业的需要，又被调至天津纺织工业大学化纤专业任教。

○ 王静康（第一排右3）与国家工业结晶技术研究推广中心研发团队核心成员合影

1980年王静康被调回母校天津大学，任化工系张远谋教授领导的“01”号国家“六五”攻关项目分课题组长，是张远谋教授引领王静康走上“工业结晶的研发”道路。

◎ 王静康非常喜欢阅读

张远谋教授的兄弟姐妹都在美国和法国，1948年他取得美国艾奥瓦大学化工系研究生学位后，毅然决然只身回到祖国，把全部知识奉献给祖国，传授给学生。张远谋教授领衔承接了“01”号国家“六五”科技攻关项目——“青海盐湖钾盐生产的系统工程研究”（1980—1985年）。张教授亲自领导王静康他们，历经小试、中试，五年的艰苦攻关过程，研发出自主创新的工业结晶技术，完成了“由我国青海盐湖的光卤石中，提取出中国稀缺钾肥”的攻关目标，产品指标均达到了国际先进水平。

特别是在建立该项目的中试车间中，张远谋教授设法由香港引进国内第一个HP1000小型计算机，建成具有计算机信息化控制的中试生产线，开启了国内计算机辅助信息化控制的产业化模式。

1985 年张远谋教授又将他一手创办的“研究室”及“创新攻关团队”的未来，交到了王静康的手中，要她承担化工系统工程研究的重任，并鼓励王静康他们要继续在工业结晶领域勇往直前，为中国“工业结晶技术研发与产业转化”做出贡献。张远谋教授引导王静康走上了现代工业结晶创新之路，至今王静康所带领的团队已持续接受并出色完成了六个“国家攻关及支撑计划”项目。

张建侯教授与张远谋教授都曾教育与指导王静康说：“能把自己一生的研究与教学，同国家的建设与人民的需要相结合，是人生最大的光荣。”王静康常说，正是因为有这样的导师引导，我才能在科研学研究的道路上持续前行，并获得一些成绩。

○ 王静康与先生许锡恩、儿子许键与女儿许钫全家合影(1988年摄)

同窗励志互勉

王静康和她的先生许锡恩都是张建侯教授的弟子。王静康是张建侯1960级研究生。1961年许锡恩毕业留校，被张建侯选

◎ 王静康正在专心致志的工作

为助手。在王静康眼里，许锡恩身上有着父亲的影子及导师的精神，是个酷爱教学与科研的才子，又是心无旁骛的工作狂人。他们曾相约事业第一、生活第二的家庭理念。王静康夫妇在几十年科学生涯中，始终铭记着导师张建侯教授的教诲：独立创新、顽强拼搏、实事求是、严谨求实，才能成功。导师的爱国主义精神和严谨治学之道，是王静康夫妇终身前进的座右铭。

王静康和许锡恩，虽然聚少离多，但两个人志同道合、相互勉励、互相支持。1981 年 5 月末，许锡恩回国时带回了一本国际著名的化工设计著作，为王静康撰写的第一本教材《化工过程设计》，提供了核心参考。

潜心钻研育桃李

她是一名普普通通的大学老师，有着不平凡的教育使命和梦想，始终保持谦虚谨慎、严谨笃学的工作学习态度；她的许多学生已成长为各行各业的精英骨干，但她依然怀着一颗年轻的教育之心，用热情和活力感染引领周围的师生不断进步。一直以来，她恪守着“丹心化作春雨洒，换来桃李满园香”的铮铮誓言，在传递知识的阶梯上，以甘为人梯的高尚品格，用自己的青春年华、无限爱心，坚定执着为学生撑起了一片广阔的

◎ 王静康与她培养出的已毕业工作的部分研究生合影(2015年摄)

◎ 德国马普研究所诺贝尔奖获得者Michel教授来访时与王静康（右）合影（2011年摄）

蓝天，谱写了一曲无悔的青春之歌。

她说：“我是一名高校的工科老师，培养出创新型人才是我的责任和义务；科研与教学工作对我而言是一种快乐，是精神的寄托，而且我始终乐此不疲。”因此，不断承担着“国家重大科研项目”的王静康，从未间断过给本科生、研究生讲课。

在王静康眼里，教书育人不仅是一份神圣的事业，更是她人生中的一种享受。晨曦中，她自信从容地走进教室，细心地叮嘱学生、耐心地辅导学生，为优秀生鼓掌，为后进生加油，与学生进行心与心的交流，享受那一份难得的默契。课堂上，

○ 美国宾夕法尼亚州立大学总统奖得主 Todd教授来访时与王静康（左1）合影（2006年摄）

她遨游书海，引领学生一起分享学习的乐趣，感悟人生的哲理，尽情品味知识的魅力！闲余时间，她常常与学生们一起，做他们的朋友，为他们分忧解难。

对于研究生培养，王静康另辟蹊径，她意识到要使中国学生能够与世界著名大学毕业生“同台竞技”，就必须提高他们的国际竞争力。因此，在国家外专局的支持下，她与美国麻省理工学院化工系、美国密歇根大学制药系及德国马普生物物理研究所建立了国际合作研究，与包括诺贝尔奖学金得主在内的 9 位世界顶级专家学者联合培养博士生。如今，王静康先后培养出百余名硕士生、博士生、博士后，早年由她培养的一些研究生现在已成为国内外的大学教授、研究员或科技部门企业的高级工程师等领军人才。

对于本科生，王静康有不同的培养方案。她经常带领课题小组集思广益，在教学中不断思考、立足课堂、服务学生，确保课题小组研究取得预期效果，最终对学生的成长带来积极、深远的影响。她积极推动了天津大学化工专业通过了英国工程师协会最高级别国际认证，标志着该专业本科毕业生达到了“国际特许工程师”的金标准。该工作取得经验后推广到全国重点高校。

“青出于蓝而胜于蓝，这是最让我感到自豪与骄傲的事情，也让我觉得无愧于‘人民教师’这个光荣称号。”王静康不无骄傲地说。

五十年沧海桑田，五十年弹指一挥间。五十年来，王静康兢兢业业、勤勤恳恳，一心扑在教育事业上，用自己的半生精力培养了满天下的芬芳桃李，推动了天津大学教育事业的发展。

桃李不言，下自成蹊。王静康在几十年的从教生涯中，实现了自己的人生理想，也成就了无数学生的梦想。

李兰娟：让中国成为传染病防治“领跑者”

简　介

李兰娟（1947.9—）中国工程院院士、教授、主任医师、博士生导师。作为我国传染病学领域杰出的领军人物，她从事传染病临床、科研和教学工作已经40多年，是我国著名的传染病学家。

中国工程院院士、人工肝的开拓者、感染微生态学领域的开辟者、传染病学的领军人物……在旁人眼里，李兰娟身上有诸多令人羡慕的光环；然而，她却表示，对命运的感激、对工作的执着、对患者的温情、对家人的愧疚，才是最想让别人看到的。

家境贫寒，自学成才当了“赤脚医生”

李兰娟出生在浙江绍兴夏履镇上，家境清贫，父亲因患眼疾无法劳作，全家生活靠母亲卖山货维持。她自幼喜欢读书，但她的求学之路并不平坦。

小时候的李兰娟非常懂事，一边帮着家里放羊，一边刻苦学习，初中毕业后原本打算报考中专，早些工作替父母分忧，却恰逢省重点中学杭州第一中学（今杭州高级中学）来绍兴招生，她以全市名列前茅的成绩被录取。当时家里很穷，李兰娟揣着家里仅有的五块钱，踏上了前往杭州求学的道路。然而书费、学费、伙食费对于她来说仍是天文数字。班主任周老师得知她的困难后，请示学校领导，同意她先开始学习。同学们也纷纷解囊，把自己的饭票送给她。在学校的帮助下，李兰娟得到了每月 7.5 元的助学金。她没有让关心和帮助她的老师、同学失望，成绩拔尖，连年被选为班长、团支书，为日后工作岗位上卓越的组织协调能力奠定了基础。

但好景不长，“文化大革命”开始了。当时，李兰娟正完成了高中毕业考试，准备向高考发起冲刺。“文革”运动波及校园，高考制度也随即取消，距离大学校门仅一步之遥的李兰娟，无法再前进了。在农村长大的李兰娟目睹辛苦劳作的农民经常遭受腰背疼痛，村民无钱治病的现状，当时受过专业医务培训的医护人员本就不多，愿意留在农村工作的就更少了。为了能为乡亲们办点事，她去杭高革委会要了一纸介绍信，毅然去浙江省中医院学习中医针灸技术。这是李兰娟第一次接触到医学，在这之前，对医疗知识完全是个门外汉。她拿出本就拮据的生活费，购置中医、针灸方面的书籍。短短几个月时间，她便将整本经络书背得滚瓜烂熟。“实践是学习针灸的要点，那时候，我就经常拿自己当试验品，在自己身上扎针练习手法，直到手法熟极而流。”回忆起学习针灸的那段日子，李兰娟还历历在目。那是1967年，她才20岁。

在毛主席号召知识青年上山下乡的浪潮中，李兰娟原本申请与同学一起赴黑龙江支农，但未获批，最后只能回到家乡夏履桥。乡里安排她做中学代课老师。她一边做老师，同时一边为乡亲们打针灸治病，在当地有很好的口碑。就在这时候，村里组建农村合作医疗站，因李兰娟会针灸疗法，大家都希望她来做合作医疗站的医生。当时代课老师每个月的工

○1969年，李兰娟在夏履桥农村合作医疗站为乡亲问病送药

资是24元，相当于一天8角，赤脚医生只有一天5个工分，相当于1角钱，收入相差甚远。“只要脑袋里有知识，老师什么时候都能做；可做乡村医生，就有机会进一步学习医学，参与培训”。虽然家里日子捉襟见肘，但出于对医学的挚爱，李兰娟还是无怨无悔地选择了赤脚医生。

当赤脚医生的两年里，不管刮风下雨还是深更半夜，只要有病人需要，她背起药箱走家串户随叫随到，把小小的农村医疗站经营得红红火火，与当地乡亲们建立了浓厚的感情。正是了解农民疾苦，在她成为浙江省卫生厅厅长后，大力推进卫生强省六大工程、创建“农民健康工程”等一系列改革，

◎ 李兰娟1998年2月至2008年3月担任浙江省卫生厅厅长

为解决农民看病难问题做出了突出的贡献。

继续求学，叩开医学殿堂之门

1970年7月，国家出台实行“群众推荐、领导批准、学校复审相结合的办法”的招生政策，全国各地陆续恢复大学招生。经过大队、公社、区政府三级层层筛选，李兰娟被保送到浙江医科大学医疗系（今浙江大学医学院）就读。赤脚医生的经历、现代医学的熏陶、文化教育的基础，让她在同龄人中更加出类拔萃。

◎1970年，李兰娟进入浙江医科大学（现浙江大学医学院）学习

我国人工肝技术的开拓者

大学毕业后，因为优异成绩，李兰娟被分配到浙大一院感染科工作。那时，在医疗设备不足，技术落后的条件下，李兰娟面对一个个慢性重型肝炎患者，心里总伴随着一种无力感。“有个20多岁的年轻人进院不到10天，黄疸迅速上升，消化道出血，昏迷，没小便，人很快没了。”李兰娟回忆道，“当初，我们工作的114重病室似乎是被施了魔咒一样，进去的人很少能活着出来。”面对一个个鲜活生命的逝去，年轻的李兰娟心情无比沉痛。

一面是患者家属双膝跪地恳求救治，一面是因条件、技术的

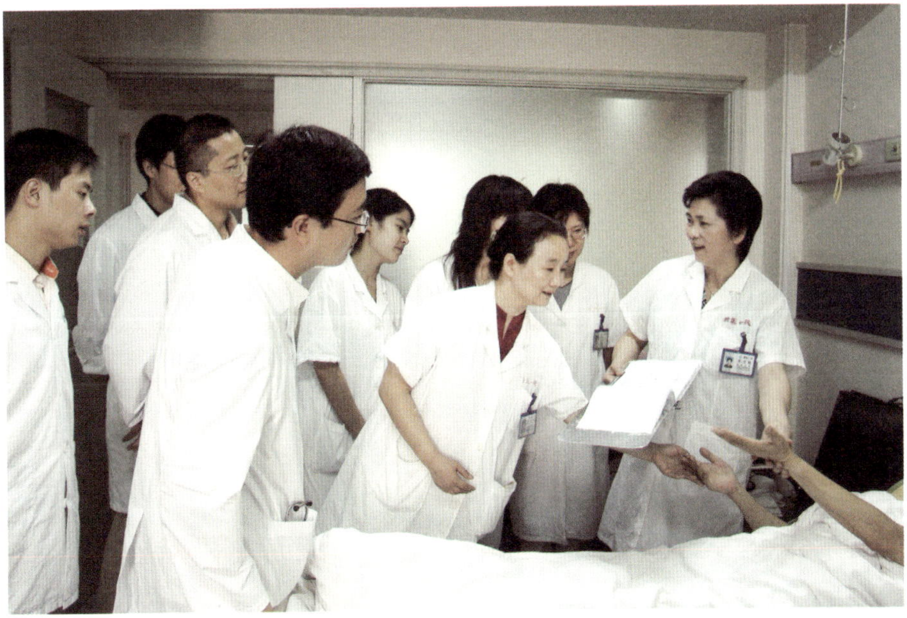

◎2006年8月，李兰娟（右1）带领团队教学查房

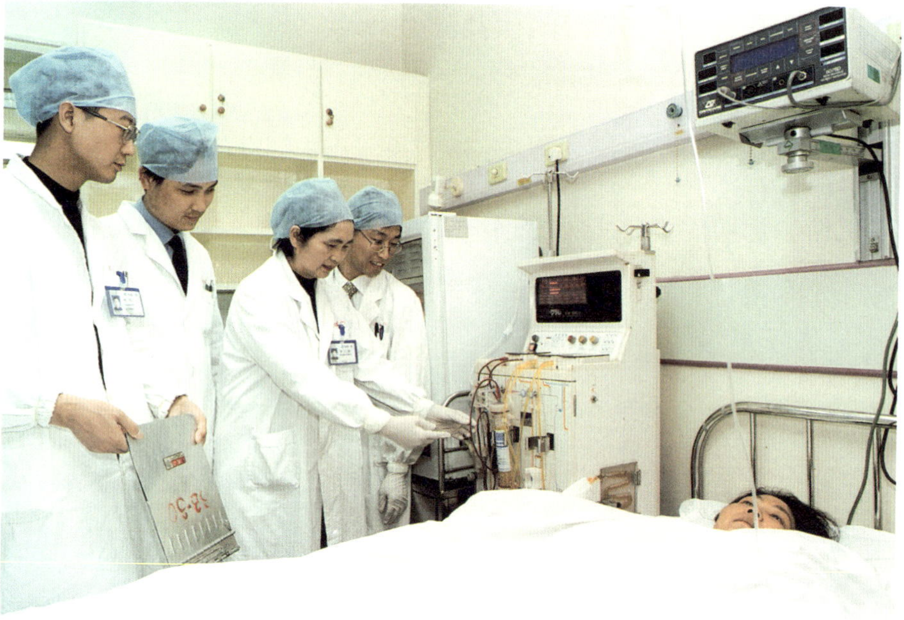

◎2001年，李兰娟（右2）率浙江大学医学院附属第一医院人工肝团队创建新型混合型人工肝系统，并初步进行临床应用

限制而使治疗陷入束手无策的局面。从那时起，她就想，一定要想个办法救他们，一定要努力攻破重型肝炎高病死率这一国际性难题，为挽救患者的生命尽自己最大的力量。她知道，对于治疗重型肝炎，必须有一个突破。

1986年的一个风雨之夜，危机与机会同时降临。一位杭州棉纺织厂的女工赵某因昏迷被送到传染病科，被诊断为急性重型肝炎。因病人无尿，主管医生李兰娟灵机一动，受到血液净化技术的启发，将血液透析技术和活性炭血液灌流应用到这位病人的救治上。经过4天的抢救，患者苏醒过来，小便也奇迹般地恢复了正常。这个病例看似偶然，却给了李兰娟很大的触动和启示，在查阅大量国内外文献之后，她做出了大胆的设想：是否能根据重型肝炎发病机制，利用体外循环装置、血液透析、活性炭吸附滤过等技术，设计一套“人工肝”支持系统，暂时代替肝脏功能呢？1986年，她申请

◎2005年10月李兰娟赴意大利博洛尼亚参加国际人工器官会议，被国际同行誉为“国际上最大的人工肝组织的领头人”

◎2013年9月，李兰娟院士担任第四届国际人体微生态大会主席，图为李兰娟院士（前排左6）与会议组委会专家合影

◎ 2014年1月，李兰娟院士领衔的“重症肝病诊治的理论创新与技术突破”项目荣获2013年度国家科技进步奖一等奖

到了3000元的人生第一项青年科研基金《人工肝治疗暴发性肝炎的研究》，从此开启了她对科研孜孜不倦的追求。李兰娟牵头成立了浙江大学医学院附属第一医院人工肝治疗室，继续深入研究。就是在这小小的10平方米的房间里，李兰娟带着团队开始了人工肝治疗技术的探索研究。李兰娟凭借着一股钻劲，不辞辛劳、不怕传

◎ 2015年1月，郑树森院士和李兰娟院士共同领衔的“终末期肝病综合诊治创新团队”荣获2014年度国家科技进步奖一等奖

染，夜以继日地守候在病人床边，认真记录分析、总结经验。经过十余年努力，李兰娟团队终于攻克了一些关键技术，创建了一套独特有效的，具有自主知识产权的李氏人工肝系统，治疗肝衰竭获重大突破，使急性、亚急性重型肝炎病死率从 88.1% 显著降低至 21.1%，慢性重型肝炎病死率从 84.6% 降至 56.6%。广泛推广应用至全国 31 个省市，显著降低肝衰竭病死率。不夸张地说，李氏人工肝开辟了人工肝治疗重型肝炎的里程碑。

初心不变，艰苦钻研创造中国荣光

2018 年 1 月，在首都北京举行的国家科学技术奖励大会上，由浙江大学李兰娟院士领衔，联合中国疾病预防控制中心、汕

◎ 2018年1月，李兰娟院士领衔的“以防控人感染H7N9禽流感为代表的新发传染病防治体系重大创新和技术突破”项目荣获2017年度国家科技进步奖特等奖。图为李兰娟院士（中）研究团队合影

◎ 2016年6月“李氏人工肝”入选十二五科技创新成就展

头大学、香港大学、复旦大学等11家单位共同完成的“以防控人感染H7N9禽流感为代表的新发传染病防治体系重大创新和技术突破”项目获2017年度国家科学技术进步奖特等奖。这是该奖项自设立以来，我国医药卫生行业、教育行业“零的突破”；是中国科学家在新发传染病防控史上第一次利用自主创建的“中国模式”技术体系，成功防控了在我国本土发生的重大新发传染病疫情，不仅避免了类似SARS的悲剧重演，还在控制MERS、寨卡等传染病的输入和援助非洲抗击埃博拉疫情中取得卓越成效，为全球提供了“中国经验”，展现了“中国力量”。

WHO 评价称，该成果具有里程碑意义，堪称“国际典范”，标志着中国在国际新发传染病防治领域从“跟随者”成了“领跑者”。

该获奖项目有六大创新点：

第一，突破新病原识别难题，创立新发传染病病原早期快速识别技术体系。创建全球最大的传染病监测网和数据库，可在 72 小时内完成 300 余种病原分析，为早期发现新病原、监控病原变异提供关键技术。突发疫情后，5 天内确认了新型 H7N9 病原，向全球公布全基因序列。

第二，创立了以分子分型和溯源为特色的新发传染病预测预警技术体系和防控模式，可快速发现传染源，精准防控。研究发现活禽市场禽与患者的病毒基因同源性高达 99.4%，提示活禽市场是人感染 H7N9 禽流感病毒源头。大数据分析模型研究发现，关闭活禽市场可减少 97% 的人感染风险，有效控制疫情。

第三，创立了从蛋白结构到动物模型，多因素、全角度精确解析新发传染病发病机制研究体系。

首次发现 H7N9 病毒的双受体结合特性及 PB2 蛋白的 701 位点突变是导致禽传人的关键分子基础。首次证实了病毒可在雪貂等哺乳动物间有效传播。首次揭示人感染 H7N9 禽流感重

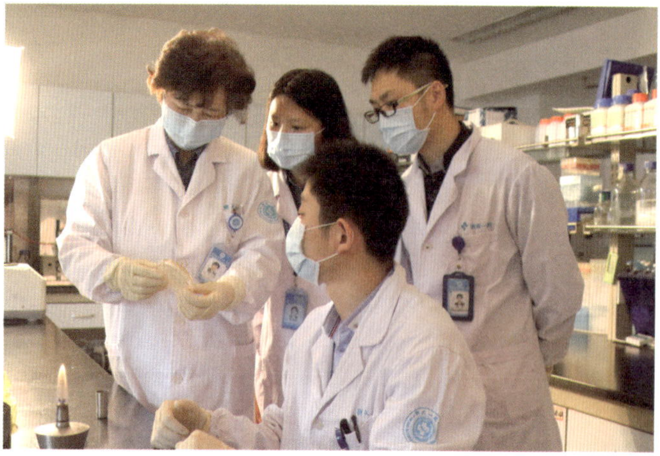
○ 李兰娟（左1）指导工作人员实验

症患者存在“细胞因子风暴”，病毒在人肺组织中复制力强，是引起免疫病理损伤、导致患者重症和死亡的关键原因。研究结果为救治提供了重要科学依据。

第四，突破人感染H7N9禽流感高病死率的难点，创建了“四抗二平衡”救治策略和“李氏人工肝”为代表的独特有效救治

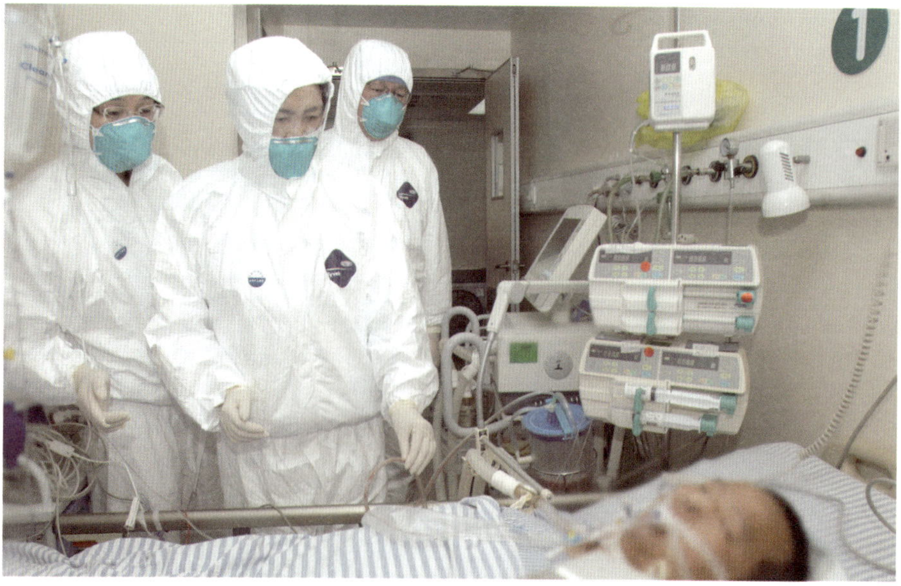
○ 2013年2月底开始H7N9突发疫情，李兰娟（中）带领团队救治H7N9禽流感病人

技术，显著降低病死率。

另外，团队还创建了新流感疫苗快速研发技术体系和平台，填补了我国流感疫苗种子株自主研发空白；创建我国新发传染病诊断试剂高效快速研发平台。H7N9 病原发现后两天内成功研发检测试剂，获发明专利和医疗器械注册证。检测试剂 3 天推广至我国 31 个省市，5 天至周边各国，7 天由世界卫生组织向全球推广，标志着我国该领域技术已达国际水平。

最希望实现的事：让学生超越自己

李兰娟一直都在忙忙碌碌中度过，她把时间都留给了病人还有学生。“青出于蓝而胜于蓝”，作为硕士博士研究生导师，“授

○ 李兰娟与硕士、博士集体照

◎ 教师节学生向李兰娟献花

道、传业、解惑”，教育年轻一代成长，是李兰娟心中的神圣天职。

“我所在的实验室是国家重点实验室，不单是培养人才，也引进了一些人才，建立了一支比较强大的队伍。我也培养了很多博士、硕士，几十个同时在读。我认为，我们国家医学的未来，需要一代一代的人共同来创造，来创新，一起探索医疗科学难题，攻克医疗难点。”

一直都很重视医学人才培养的李兰娟，把学生当成自己子女一样。她坚持用“关心、耐心、细心、热心、诚心”教育学生。在她眼里，培养一个人，最重要的是能力培养，让他们善于思考，善于做课题设计，善于研究，善于写作。所以，这不单是在科研上要培养，更重要在道德、做人这方面还要培养他们无私奉献的科学精神。她常对学生们说：“将来的医学大师将出于你们这一代，因为你们赶上了好时代，在最美好的年华里享受到了最优秀的医学培养，希望你们树立信心，脚踏实地，成长为我国真正优秀的医学人才！”

“我们做科研，同时也希望能将成果转化成生产力，转化成临床的应用，转化成救治病人的新技术和新方法。这样，科研最后才能更好地为广大人民健康事业服务，才能促进我们国家经济社会发展。”说到目前最希望实现的事，李兰娟的回答是：让学生超越自己。“我现在拼命地培养学生，希望他们能尽早挑起担子，把科研做得更好，把实验室建设得更好。”

陈香美：迎战困扰中国人的肾病

简 介

陈香美（1951.1—）解放军总医院肾脏病科主任医师、教授。现任解放军肾脏病研究所所长、肾脏疾病国家重点实验室主任等职，她创建的肾脏病科成为国家重点学科、国家重点实验室、国家临床医学研究中心、国家肾脏病医疗质量控制中心。2007年当选中国工程院院士。

中国约有1.2亿的慢性肾脏病患者，其中最常见的是IgA肾病，占30%~40%。IgA肾病的治疗是国际医学难题，疾病复杂多变，临床疗效欠佳，如不尽早治疗，等待他们的将是更为严重的尿毒症。

肾脏是人体泌尿系统的重要组成部分，承担着清除人体内代谢废物的职能。如果人的肾脏发生病变，就会影响到生活质量；而严重的肾病，比如尿毒症，如果治疗不及时甚至足以威胁生命。在中国，大约有1.2亿人正在遭受慢性肾病的困扰，如果得不到及时、有效的治疗，便有可能进展成为尿毒症。

◎ 陈香美院士当选第十三届全国人大代表

或许是因为亲手治疗的第一位病人恰好是尿毒症患者，因没有血透机只能眼睁睁看她死亡，尚是医学新人的陈香美决心要潜心研究肾脏疾病，不能让病人因不能透析而死去。40年过去，已是知名专家的她终于实现了保障中国人肾脏健康的宏愿。许多肾病患者，因她的研究成果及积极推动的医保政策而得到救治。

留学日本的“长明灯”

陈香美永远记得她诊治的第一位病人。1977年，26岁的她从白求恩医科大学毕业后，到长春市医院心肾科工作。和今天一样，当时的中国是一个肾脏病多发的国家，但相关的临床科学研究几乎是空白。她负责诊治的第一位病人刚好是一位尿毒症患

◎ 1974年白求恩医科大学73级在黄泥河留影（第一排中为陈香美）

者，但由于医院里没有血液透析设备，她只能眼睁睁看着病人死亡，却束手无策。

“那天，我心中暗暗发誓一定要学好肾脏病专业，不让这样的悲剧重演。”陈香美回忆说，“具体来说，从那时候直到今天，我一直致力于解决两个问题，其一是找到让病人不用做肾活检也能诊断肾炎的方法，另一个是为尿毒症患者找到不做透析也能够延续生命的方法。”

1983年，陈香美实现愿望的第一个机会终于到来，她考取了日本北里大学的肾脏病方向博士生，成为这所大学的第一位留学生博士生。当导师问陈香美想研究肾脏病的哪个方面时，她回答说：“我想找到一个方法，只要利用临床和基础的检验指标，而不一定需要做肾活检，就可以诊治不同类型的肾脏病。最终，我希望能攻克尿毒症”。日本导师对她的志向深表惊讶，他没想到一个中国的年轻女学生竟然能有如此抱负。

留学期间，陈香美每天晚上都是在凌晨3点以后才离开实验室。有时，为了做实验等结果，她要一直在工作台前等到深夜甚至凌晨时分。没有床铺睡觉，她干脆就趴在实验室桌子上过夜。到了早上8点，她又会准时上班，依然毫无倦意。

即使是在学生普遍非常勤奋的日本，陈香美的努力程度也是惊人的，她很快在实验室里就有了“学习狂”“拼命三郎”

的名声。她语言娴熟，医学基础知识扎实，实验也做得漂亮，而且时常超额完成学习任务。她的导师上班时经常发现，这位“学习狂”不仅完成了当天的实验，甚至连第二天的实验也做完了。有一次，一位日本同学问陈香美的导师：“她什么时候去睡觉？”被陈香美的勤奋深深感动的导师动情地回答：“她是一盏长明灯。”

1986年12月，陈香美获得了日本北里大学的内科学肾脏病专

11版 (16)

中国人女医に博士号

北里大に留学の陳香美さん

腎臓研究

篤志家の

マウスで実験をする陳香美さん━相模原市の北里大で

【相模原】北里大学医学部（神奈川県相模原市）に留学して陳香美さん（[illegible]）がこのほど、医学博士号を授与された。来日……う病研究の成果が実ったもので、その陰には篤志家らの物心両……

◎ 留学期间，陈香美被日本媒体报道

业博士学位。之后，她又到日本顺天堂大学临床免疫学专业，从事博士后研究，进一步精进自己博士期间所学。

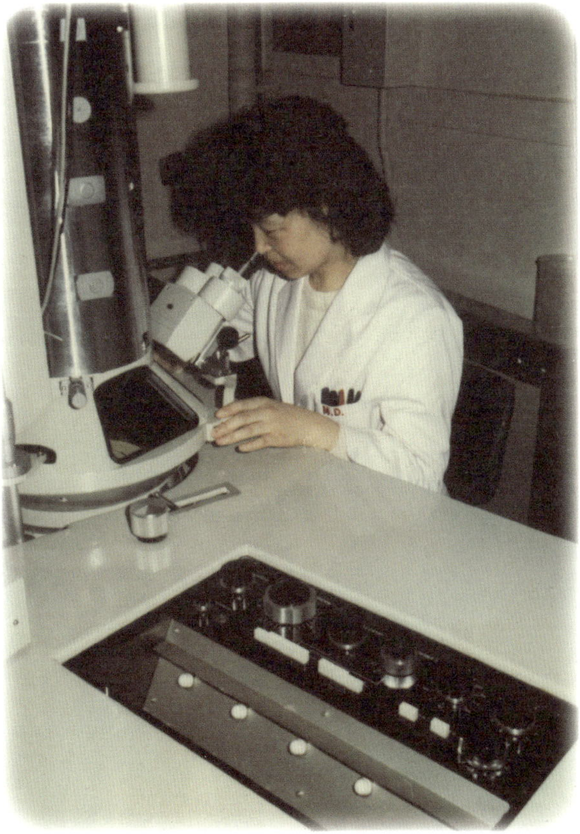
◎ 日本留学期间，陈香美正在做实验

但考虑到国内的肾脏病领域还有大量病患等待救治，急需自己的医术，陈香美在完成研究之后，第一时间回国服务。此时是1987年10月，她以医学专长特招入伍，穿上军装成为中国人民解放军总医院（301医院）肾脏病科的一名军医，开始了从医报国的长征之路。

当时，解放军总医院的肾脏病科刚组建不到一年，仅有12张病床和7名医生，无论是规模、还是学术地位，在总医院都属于扶持类学科。进入解放军总医院之后，陈香美将自己平时的积蓄购买了实验器材、试剂，加上老师赠送的总价值在10万余元人民币的外国图书和资料，全部无偿地捐献给了科室。不仅如此，她还向医院领导提出，不要给她个人分配房子，也不要考虑为她评职称，但医院要在肾脏病科实验室建设方面予以大力支持，以便她和医生们都能开展临床与基础相结合的科学研究。

◎ 1987年陈香美（左2）进入中国人民解放军总医院工作

在医院资源的支持下，陈香美一点一滴地垒筑她的肾脏病研究世界。在一个不足30平方米的实验室里，她开展了肾小球系膜细胞、肾小管上皮细胞等肾脏细胞的培养、传代及功能研究，建立了急性肾损伤、慢性肾衰竭等肾脏疾病的动物模型，并将临床思考的问题在实验室反复进行解析。

◎ 陈香美（左1）留学归国后在她创建的实验室做实验

30年来，她把全部智慧和心血都倾注在肾脏病学发展事业上，带领团队克服基础研究薄弱、设施设备奇缺、临床技术滞后、人才力量不足等困难，从零起步、艰苦创业，率先垂范、集智攻关，实现了肾脏病科由小到大、由弱到强的跨越式发展。如今，解放军总医院肾脏病科已经发展成为拥有5个病区158张病床，2个血液净化中心100余台血液透析机的庞大科室，年收容量5500人，年门诊量更是高达10万人。在学术方面，这里也发展成为集国家重点学科、国家重点实验室、国家临床医学研究中心和国家医疗管理与质量控制中心“四位一体”的，国内肾脏病领域公认的领先学科。

◎ 陈香美院士（前2）在实验室辅导中青年医务人员

对尿毒症从“治”到“防”

在超过40年的行医生涯中，特别是从日本学成归国之后，陈香美亲力推动了中国在肾脏疾病救治方面的长足进步。她始终没有忘记自己走入这个领域的原因，那就是找到能使尿毒症患者延长生命而且保障生活质量的方法。

尿毒症并不是“一种”独立的疾病，而是各种肾脏病终末期共有的临床综合征。尿毒症患者的肾脏功能经过渐进性不可逆性地减退至功能丧失，体内代谢产生的氮质废物不能排出体外，并出现水、电解质、酸碱代谢紊乱及多器官系统的损害。幸运的是，通过透析疗法替代肾脏的排泄功能，已经在各个省市日益普及。然而，由于设备有限和收费高昂，仍然有众多的尿毒症患者没能接受透析治疗，在无奈中死去，或者令家庭因病致贫、因病返贫。另一方面，在一些医院里，由于透析治疗操作方面的不规范，又导致尿毒症患者受到了新的伤害。

针对这样的局面，陈香美从治疗和预防两方面入手，为减轻尿毒症对中国人的伤害寻找解决方案。针对目前治疗尿毒症所用的血液透析和腹膜透析两种透析方式，作为肾脏病学专家的陈香美组织全国专家编写了《血液净化标准操作规程》和《腹膜透析标准操作规程》，有效地推动了治疗的规范化，保障患者及医疗安全。

与此同时，陈香美还仔细分析了人们在治疗尿毒症过程中的花费。她发现，无论使用哪一种透析方法，透析治疗所需的设备和药物都占据了患者医药费用的大部分。这是因为，中国的透析治疗相关产品，有95%要依赖进口，因此费用居高不下。针对这一情况，陈香美组织开展了国产与进口透析产品的多中心、前瞻性对照研究，加速了透析产品国产化进程，并以此促使进口腹膜透析液降价大约20%，显著降低了医疗费用，降低了尿毒症救治这一重大社会经济负担。

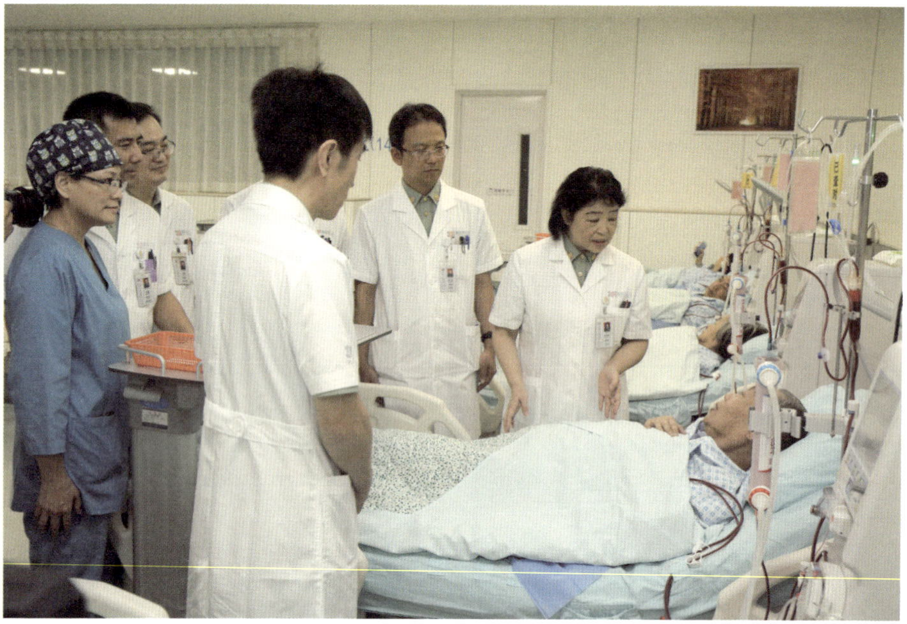

◎ 陈香美院士（右1）在查房时细致询问患者情况

为了让广大偏远、经济欠发达地区的尿毒症患者也能接受治疗，陈香美积极推动腹膜透析的普及，因为它相比血液透析要便宜一些，而且如果操作得当，可以保存患者残存的肾功能。她领衔建立31家卫生部腹膜透析培训示范中心，对基层医疗机构进行培训帮带，推广腹膜透析技术，使尿毒症患者的救治人数增加了2倍，显著提高了尿毒症患者救治率、生存率和生活质量。同时，她也协助国家卫生部成立腹膜透析培训示范中心，编写《实用腹膜透析操作教程》，培训基层医疗单位的医护人员，让他们掌握腹膜透析的治疗技术。

针对我国尿毒症患者数量多、基数不清的实际，陈香美牵头创建了全国血液净化病例登记系统。在这个巨大的数据库里，有全中国5000余家透析中心的基本数据，截至目前登记了近70万透析患者的状况，从而明确了中国尿毒症患者的临床特征、死亡原因和疾病经济负担等重要信息。基于这些数据，她成功地推动国家有关部门科学决策，将尿毒症纳入大病医保，从根本上解决了尿毒症患者因为无钱医治而放弃治疗的问题。

◎ 陈香美院士在“世界肾脏病日”做科普演讲

但相比于治疗，“治未病”或者说采取预防措施，防止患者的肾脏出现问题和走向恶化，显然也同样重要。为此，陈香美致力于医学科普工作，连续13年通过全国“世界肾脏日”和其他科普活动平台，传播肾脏病防治的相关知识，以提高政府、社会和公众对肾脏疾病危害的认识，推动全社会的力量防治慢性肾脏病。她相信，这些工作有助于提高肾脏疾病的早期诊断率和早期治疗率，从而减少尿毒症的发生。这种从“治”到“防”的思路，可以让更多患者在病情恶化到不可逆转之前便“悬崖勒马”，接受更为成熟的医学手段的治疗。

地震抢险挽救伤患生命

2008年5月12日，四川汶川地区发生了里氏8.0级的强烈地震，大量城市和乡村瞬间化为废墟。为了及时救治伤员，解放军总医院迅速组建了数百人的多组医疗队赶赴灾区。当时，陈香美正在科技部开会，接到中央军委命令后，她二话不说立即赶回医院，随即带队前往灾区。

在地震的废墟上，陈香美看到许多地震伤员好不容易被抢险救援队从废墟下救出来；但因为建筑物倒塌的挤压伤以及严重的感染引发了急性肾衰竭，这意味着他们有可能再次被夺去生命。她敏锐地指出：灾区需要有足够的肾脏病抢救单元、需要血液净化设备对患者实施治疗。最适合的治疗方式，便是“连续肾脏替代”（CRRT）。

◎ 汶川地震后，陈香美院士（右2）第一时间乘机奔赴震区救灾

陈香美对此十分着急。虽然医疗人员可以从全国调集，但是地震摧毁了不少医院，加之在当时CRRT还并不普及，所以整个四川，只有华西医科大学肾脏病中心拥有CRRT设备。除此之外，即使是成都军区总医院这样的大型医院，都没有CRRT机器。有鉴于此，她一方面向卫生部紧急报告求援，另一方面多方联系制造CRRT机器的企业寻求支援，还和军区总医院各级部门反复沟通，在军区总医院专门成立了抢救地震伤员的CRRT病房。

在短短的10天内，机器陆续运抵新的病房。陈香美组织技术人员彻夜安装，同时尽快培训医护人员，让这些紧急调运的设备，第一时间用于伤员的救治。这是中国第一座直接服务于抢险救灾的CRRT病房，硬件设施配合陈香美等知名专家的现场指导，极大地提高了地震伤危重患者的抢救成功率。在这震后的50多天里，陈香美带领团队夜以继日地工作，抢救了大批危重症伤员的生命，保全了伤员原本需要截肢的肢体。

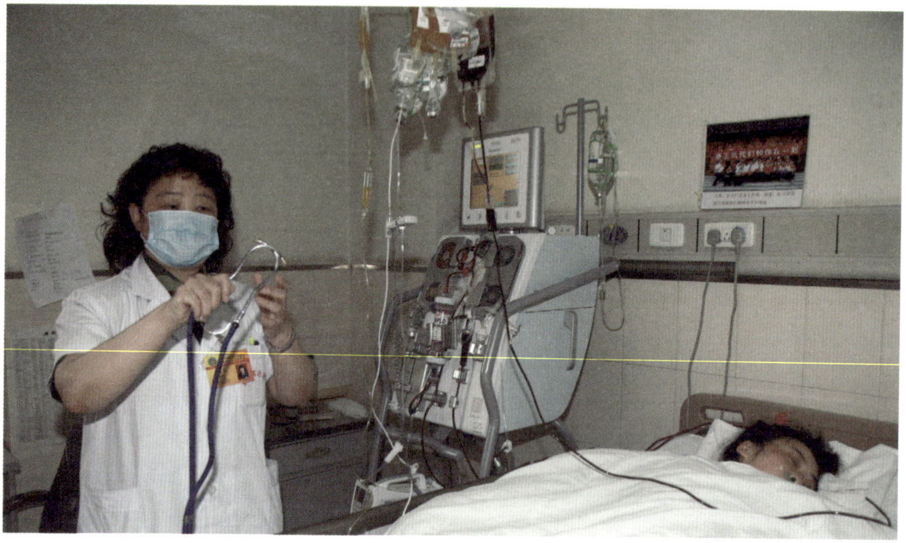

◎ 汶川建立的全国首个地震伤员CRRT病房

将近5年之后，2013年4月20日，陈香美正在济南参加“中华医学会肾脏病学分会2013年血液净化论坛”，四川芦山发生7.0级强烈地震的消息，又传到了会场！5年前汶川地震的惨景还没有从记忆中退却，芦山地震又一次让那些痛苦的回忆“复活”。她当即改签火车票，第一时间返回北京，作为国家医疗专家组组长随即带领专家组赶赴芦山，参加抗震救灾医疗救治工作。

由于航班延误，专家组成员最终抵达成都已是4月22日凌晨2

点。他们顾不得放下行装，直接前往四川省卫生厅接受任务。此次芦山地震的抗震救灾医疗救治的工作目标，就是要通过科学救治，最大限度地降低地震受灾群众的死亡率和致残率。

根据汶川地震的抢险经验，严重地震由于事发突然，会在短时间内产生大量的伤员。各家收治地震伤员的医院可能医疗水平参差不齐，对不同伤情的判断标准也不统一。陈香美认为，为了准确甄别伤情种类，及时实施ICU监护、抢救伤员生命，早期介入机体功能康复治疗，并且适时将病情稳定的伤员转出ICU，为危重伤员腾出救治空间，需要制定一种地震伤员的病情评估标准，并且使之成为各家医院遵守和采用的共识。于是，她带领第一批国家医疗专家组和四川省内的专家，总结汶川地震伤员救治经验和国内外相关研究，利用休息时间多次讨论，集思广益，共同制定了《地震伤员病情评估及管理共识》，并且向各家医院进行推广。

抵达四川的时候，陈香美也在第一时间想到，要在灾区进行流行病学调查，向世界提供中国人在地震救治中的经验，也为更为科学的调配医疗资源提供参照。灾区有足够的医务人员和信息采集力量，也有统计学专家的支持，合力完成流行病学调查是完全可以做到的。4月29日第一批和第二批专家组完成工作交接后，陈香美院士带领第二批国家医疗专家组与四川省内多学科专家反

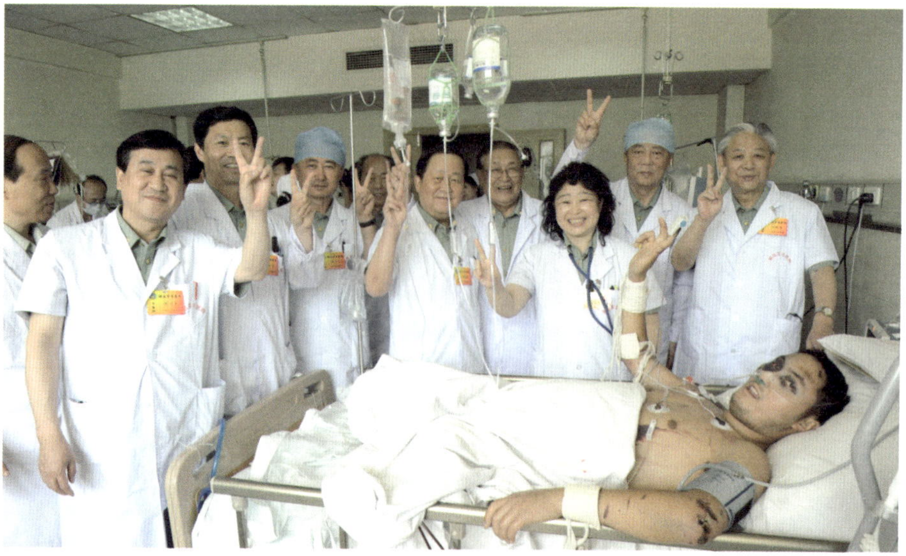

◎ 汶川地震灾区内伤员救治成功后，陈香美（后排右3）与团队合影

复讨论，历时5天制定出“四川省4.20芦山地震伤员流行病学调查”方案。

根据统计数据连夜搭建起来的流行病学数据库，使伤员的信息在救险团队内共享。他们在受伤后接受抢救和治疗的不同时间节点，分别需要哪些药品和医疗器械、需要输入多少量的血液和血浆制品，在伤员转运过程中应当注意哪些问题，都可以通过数据库查询清楚。在此基础上对医疗资源的高效调配，不仅挽救了许许多多的生命，实现了后方医院地震伤员救治的“零死亡”，也会对今后类似灾害的科学救治提供宝贵的借鉴。她个人也因此获得了中国科协授予的“抗震救灾先进个人”。

迎战肾病领域世界难题

中国约有1.2亿的慢性肾脏病患者，其中最常见的是IgA肾病，约占到30%至40%。IgA肾病的治疗是国际医学难题，疾病复杂多变，临床疗效欠佳，如不尽早治疗，等待他们的将是更为严重的尿毒症。

早在留学日本期间，陈香美就致力于研究IgA肾病的病理及机制。回国之后，她继续探索以中西医结合诊疗IgA肾病的新理论。她牵头开展全国多中心、前瞻性、中西医结合循证临床研究和系统深入的基础研究，在国际上首次提出并验证“凝血纤溶异常活化导致免疫炎症促进肾脏硬化”的创新性学术观点，发现了新的治疗靶点，提出了新的治疗方案，并应用于临床实践，疗效显著提高，极大延缓了重症IgA肾病发展成尿毒症的进程，研究成果《IgA肾病凝血纤溶与细胞外基质代谢异常的分子机制及干预》和《慢性进展性肾病炎症与硬化的细胞分子机理及临床意义研究》，分别获国家科技进步二等奖。

临床实践中，很多IgA肾病患者既看中医又无西医，却很难收到满意的效果，还浪费医疗资源。陈香美说：“我希望把中西医结合起来，探索出一种结合中医和西医优势的系统诊疗方法，并且进一步指导制定治疗方案，从而减少患者的求医负担。”

经过多年潜心研究，陈香美的团队从中西医结合的角度，揭示了IgA 肾病进展新机制、新理论，建立基于证型与肾脏病理相结合的“中医证候五型分治、多种组合的中西医结合序贯方案”，在全国3000 余家医院推广，惠及数千万患者，因IgA肾病导致的尿毒症下降10.5%，成千上万的患者因此而受益。研究成果《IgA肾病中西医结合证治规律与诊疗关键技术的创研及应用》项目获2016年度国家科技进步一等奖。

回望40多年前立志之时，陈香美认为中国对肾脏疾病的治疗手段已经大幅进步，但仍然有提升的空间，而更先进的检测和治疗方法已经呼之欲出。她说：“虽然直到今天，我们还是没能完

◎ 陈香美院士获国家科技进步一等奖，与科室人员留影

全实现‘不做肾活检就能诊断肾炎’的梦想，但是离梦想已经非常接近了。对于正在遭受肾病困扰的人们，我们最终会找到挽救他们的更优方案。”

◎ 陈香美院士荣立中央军委个人一等功留影

朱兆云：民族药业的“耕耘者”

简　介

朱兆云（1954.3—）云南巍山人，正高级工程师、国务院津贴专家、云南白药集团研发总监、云南省药物研究所原所长。多年来一直从事民族药的研发工作，曾荣获国家科技进步一等奖、何梁何利科学与技术创新奖等奖项。

说起云南白药集团研发总监、云南省药物研究所所长朱兆云，在云南省很多人眼里，几乎无人不知，她已是民族药工程科技领域创新精神的代名词。尽管她荣获了不少沉甸甸的奖项和殊荣：全国劳模、国家科学技术进步一等奖、云南省科学技术杰出贡献奖……可她从来不过多渲染。对她而言，荣誉远不及民族医药事业发展来得重要。在探索民族药创新发展路径的实践道路上，朱兆云已经奋斗了30余年。如今六十多岁的她添了不少白发，而她精心呵护的药研所则涅槃重生，“药物所速度”成为业界美谈。

临危受命，勇挑重担

受家学熏陶，朱兆云少年时期便立志成为一名有所成就的医药工作者。自 1982 年大学毕业，她一直奋战在最前线，在大理州制药厂做技术员，组织完成大理州中药资源普查，赴省药材公司建质检科，受命改变省医药产品检测站现状……出身中医世家的她，温柔内敛。30 岁时，她就已经带头完成了大理地区中药资源普查，主编《大理中药资源志》，成为第三次全国中药资源普查的典型。

1999 年，朱兆云被组织派往云南省药物研究所。云南省药

○ 朱兆云正在进行标本鉴定核对

物研究所成立于1956年，曾在研发青蒿素中做出了突出贡献。现在云南省药物研究所标本室中，还有一份当年至关重要的青蒿标本，象征着其早期的辉煌。但后来由于一些原因它慢慢衰败了。作为云南省首批22家科研院所转制单位之一，云南省药物研究所失去了国家财政供养，陷入了困境。没有新药、人才、市场，职工失去了信心。就在这种情况下，朱兆云“临危授命”，勇敢地挑起了重担。“破旧的大楼，丛生的荒草、一派凋败景象……”回想起刚到药物所的时候，朱兆云对那时的情形还历历在目，“很多人都形容我是从‘米箩跳进糠箩’，大家对我都是各种吃惊、质疑、担忧。”不过，朱兆云咬紧牙关，力图转型。当时所里账面上一时只有10万元，她就四处奔走筹集经费，好不容易才筹到100多万元；她迅速组成了新的领导班子，从零起步，开始了“新平台、新项目、新人、新成果”和产业转化线“新产品、新厂房、新人、新网络”两条主线的发展历程。随着科研和成果转化两条腿走路发展思路的确立，朱兆云和云南省药物研究所领导班子用有限的资源完成了事关生死的GMP（药品生产质量管理规范）和GLP（药物非临床研究质量管理规范）认证，从2005年开始率领全所腾飞。2012年底，云南省药物研究所并入云南白药集团，得到进一步的发展。

如今，药物所已建成包括天然药物资源研究室在内的11个研究室，形成了系统、特色鲜明的新药研发链；其中中药材品质评价三级实验室、昆明国家生物产业基地生物医药制剂中试生产中心和安全性评价中心通过国家认证。药物所被认定为西南民族药新产品开发国家地方联合工程研究中心、国家技术创新示范企业、国家级企业技术中心。

资源调研，寻求新发展

忙，一直是朱兆云的工作常态。她认为，在条件不如别人的情况下，要取得好的成绩，就一定要多付出。

“近些年，环境退化导致物种濒危，而且基础研究薄弱导致药材基原混乱，这都需要科技工作者来抢救和梳理。”朱兆云如

○ 朱兆云（左3）进行野外考察

是说。

于是，凭着自己十多年的一线工作经历，凭着自己对国家产业布局、云南省医药产业发展布局的了然于心，朱兆云毅然迈出了药物所艰难发展的第一步——实施低纬高原地区民族药、天然药物资源调研的系统工程。

在云南开展资源调研，朱兆云找出优化的调查路线和研究方案。她借助现代科学理论，反复斟酌精心设计，最终设计出覆盖完整气候带的调查路线，制定出“民族民间应用＋生物学特性＋生态适应性”的融合研究方案，保证了调研工作的全面、系统和深入。

○ 朱兆云到珠子参种植基地考察指导

在低纬高原地区开展资源调研，不是一般的复杂。朱兆云多年的一线工作经验，以及一以贯之的执着和务实，为团队注入一剂强心针。十余年间，她带领的团队野外组成员踏遍云南各地，长年累月在路上奔波，从西双版纳到香格里拉，访问各民族医生和采药人，拍照、采标本、鉴定药材……“野外调查是一件艰辛而冒险的工作，需要翻山越岭，风餐露宿，有时被蚂蟥咬、毒蛇咬、黄蜂叮。”在朱兆云的右小腿上，有两个非常清晰的疤痕，是去采集标本的路上被蚂蟥咬的。

从最低海拔 76.4 米的河口县南溪河与红河交汇处，到最高海拔的西北部德钦县梅里雪山，项目组踏遍了崇山峻岭、高原草甸、河流峡谷，行程近 80 万千米。调研中的付出和坚持，也为朱兆云研究团队带来了丰硕的果实：拍摄了原生态彩色照片近 16 万张，采集标本 11082 种 80378 份，发现新分布药用植物 93 种，新药用植物资源 451 种；准确鉴定 354 科 1534 属 4012 种天然药物；编研业内有重大影响的专著 3 部 15 卷共 755 万字；获国家授权发明专利 12 个；创制新药 9 个，其中 6 个进入国家基本药物和基本医疗保险药品目录。这一系列基础性、战略性、创新性研究成果，为地区民族药、天然药物资源的保护和持续开发利用提供了基础的研究支持，为扶贫、云药之乡建设做出了贡献。

○ 朱兆云进行药材化学成分的提取分离

创制新药，填补空白

随着低纬高原地区资源调研系统工程的展开，药物所的科研已经起步。“我喜欢科研工作，我希望能将自己的科研成果转化成为对病人最直接的帮助。他们的病痛缓解了，就是我们医药工作者的最大欣慰。”朱兆云说。

在资源调研过程中，彝族群众及家传对跌打损伤、乳腺小叶增生等疾病的独特治疗经验吸引了朱兆云的注意。她一头扎进研究中，对比成百上千个处方，反复推敲琢磨；伏案翻阅资料，对照标本，进行药材基原鉴定；和助手骑着自行车，用麻袋搬回试验用药材；组织团队有序开展系统规范的药学、药理、毒理及临床研究……在她的组织带领下，团队成员通力协作，完成了系统规范的药学、药理、毒理及临床研究。在云南彝族民间用药经验基础上创制的金品®系列彝族药诞生，收获5个新药生产注册批件，6个已实施的国家发明专利。

彝族药金品®系列由痛舒胶囊、肿痛气雾剂、肿痛搽剂、肿痛凝胶、伤益气雾剂5个新药组成，对乳腺小叶增生、痛风、跌打损伤、风湿关节痛等疑难病及常见病疗效显著。基于民族民间使用方法，从处方上将口服与外用分开，使口服更安全，外用更有效。彝族药金品®系列迅速得到医患双方的认可，近五年累计直接销售收入6.2亿元，利税1.6亿元。其中，痛舒胶囊（片）、肿痛气雾剂进入国家基本医疗保险药品目录。

◎朱兆云（右1）在进行民间医药调查

凝聚一心，挖掘民族药瑰宝

20年来，药物所的草木在荣枯之间见证了破旧的大楼、丛生的荒草和涣散的人心。“没有朱所长，就没有药物所的今天”。朱兆云带领团队完成了GMP和GLP建设，填补了云南新药研究安全性评价规范的空白。

药物所独立完成的“低纬高原地区天然药物资源野外调查与研究开发”项目，因显著的社会经济效益，荣获2012年度国家科学技术进步奖一等奖及其他多项省部级奖项。在此前和之后，朱兆云个人荣获2015年度何梁何利基金“科学与技术创新奖”、中华中医药学会“中医药学术发展特别贡献奖”、“全国优秀科

◎朱兆云（右）进行民族民间医药调研

◎ 朱兆云荣获2012年度国家科学技术进步奖一等奖

◎ 朱兆云荣获2015年度何梁何利基金“科学与技术创新奖”

技工作者”等多个奖项和称号。

然而，在荣誉的背后，朱兆云谈得最多的是民族药，从抢救传承到创新发展。在她眼里，平台是取得任何成绩的基本保障，所有的荣誉都属于团队，自己仅是团队的代表。“‘调查与研究’虽然只有5个字，它们的后面，却是药物所科技人员们默默付出的岁月和汗水。”说起团队的团结互助，朱兆云深有感触。

在野外调查、新药创制等过程中，的确遇到了很多困难，但朱兆云带领的这支团队没有被困难困住，而是围绕目标密切配合、通力协作，想方设法解决研究经费、技术方案、试验失败等各种难题，经得住打击，耐得住寂寞。同时，老专家通过“传、帮、带”进行专业引领。

说起在带团队上的心得与技巧，朱兆云总结了这些年的一些感触和经验：一是要有明确的长远目标，有了目标团队成员才会为完成目标去思考、找方法、找资源。二是团队的凝聚力很重要，有了凝聚力，才能跟上战略变化的节奏。三是在团队的培养和研究方向上要同时形成梯队化，可以储备技术力量和研究积累。四是要进行有效沟通并善于激励。

有付出就有收获，朱兆云带领的这支研究团队，给世人亮出了一张优秀的成绩单，曾获国家科学技术进步奖一等奖、何梁何利基金奖、云南省科学技术杰出贡献奖和科学技术进步奖特等奖等多项奖励。

为了能为医药产业发展提供可靠的基础积累，至今，他们编研了 5 套专著：

◎ 朱兆云（左1）进行民族民间医药调研

◎ 朱兆云主编的5套专著

《云南天然药物图鉴》（9卷，370万字），基于十多年持续的实地调研所获取的第一手资料编撰而成，共收载药物4392种，是一部图文并茂、特征明显、内容详实、科学实用的专著。

《云南民族药志》（5卷，325万字），基于民族民间医药调研的第一手资料编撰而成，共收载云南各民族主要传统药物1040种、民族语言文字药名5567个、附方5816首，汇集了云南各个民族的认药知识和用药经验，避免遗忘及失传的危险。

《云南重要天然药物》（2卷，110万字），基于70种道地、特有重要药物资源调研的第一手资料，对其药用历史、资源情况、生态环境、品种质量及发展前景等进行了系统研究和分析评价，并对其适宜生产区域进行规划编撰而成，全书内容丰富、新颖、

◎ 2012年度国家科技进步奖一等奖获奖团队人员留影

重点突出，是一本既有学术价值又有生产及商业指导意义的著作。

《滇南本草》增补本（4 卷，260 万字），通过药源考查，修订、校正拉丁学名，在其原版本和整理版本基础上，采用现代科技手段，从资源、生药、化学、药效等方面进行了增补研究，图文并茂、内容丰富，古为今用，多学科渗透。

《民族药创新发展路径》（1 卷，64 万字），围绕民族药发展所面临的传承和创新两个核心问题，厘清民族药及民族药学概念和内涵，整理民族药发展现状及瓶颈，引出源于实践的民族药创新发展路径，系统展开路径的深入分析阐释，并通过案例说明民族药创新发展的必要性和可行性。注重知识性与可读性，兼顾科学性与实用性。

让人感动的是，专著的编研完全是公益性的，5 套书 21 卷，

1129 万字。

随着体制机制的改革，药物所整体并入云南白药集团，成为集团创新研发主体。在集团的重视关心下，努力创造出流动、开放、竞争的良好环境，大力培养和引进人才。现在，药物所兵强马壮：博士 28 人、硕士 109 人，海外引进人才、国务院津贴、省政府特殊津贴、省技术创新人才等 10 余人。

目前，这支在实践的磨砺中越发精干的团队正在接受更大的挑战：民族药国际注册研究。经多年临床验证，金品®系列 5 个新药显示出优良的安全性和显著疗效。朱兆云组织团队，紧密围绕中医药走向国际的国家战略，结合对国际尤其是对美国市场的缜密分析和研判，选取痛舒胶囊和肿痛气雾剂开展国际化研究。其中，痛舒胶囊获美国食品药品监督管理局（FDA）批复，获准在美国开展 II 期临床研究，成为我国第一个获 FDA 批准进入临床研究的民族药。

坚持为民族药事业奋斗三十多年仍未停步，朱兆云的唯一信念支撑就是：只有脚踏实地做工作，才经得起考验。

三十多年来坚守一线，在实践中辛勤探索民族药创新发展路径，她深刻体会到，在探索的道路上，只有通过实实在在的一线实践，才能获得科学的认识，也只有通过实实在在的实践，才能修正已有的认识并使之不断升华，以更好地指导实践。

大美·中国女科学家

Chinese Women Scientists

第二卷

中国科协常委会女科技工作者专门委员会
中国女科技工作者协会
编

科学普及出版社
·北 京·

图书在版编目（CIP）数据

大美·中国女科学家 ： 全2册 / 中国科协常委会女科技工作者专门委员会，中国女科技工作者协会编. --北京 ： 科学普及出版社，2019.3

ISBN 978-7-110-09871-4

Ⅰ. ①大… Ⅱ. ①中… ②中… Ⅲ. ①女性－科学家－列传－中国－现代 Ⅳ. ①K826.1

中国版本图书馆CIP数据核字(2018)第272774号

出版说明

习近平总书记在中国科学院第十九次院士大会、中国工程院第十四次院士大会上强调“当科学家是无数中国孩子的梦想，我们要让科技工作成为富有吸引力的工作、成为孩子们尊崇向往的职业，给孩子们的梦想插上科技的翅膀，让未来祖国的科技天地群英荟萃，让未来科学的浩瀚星空群星闪耀！”总书记重要指示为激发青少年崇尚科学、探索未知、敢于创新的热情，建设科技强国实现中国梦提供了重要遵循。

时值新中国成立70周年、改革开放40周年、中国科协成立60周年之际，由中国科学技术协会出品，中国科协常委会女科技工作者专门委员会和中国女科技工作者协会统筹策划出版了《大美·中国女科学家》系列丛书，传播科学知识，弘扬科学精神，讴歌中国优秀女科学家，为推动社会主义文化繁荣做出贡献。

《大美·中国女科学家》书名来源于《庄子·知北游》“天地有大美而不言，四时有明法而不议，万物有成理而不说。”“大美”充分展现了中国女科学家追求自主创新、科技报国的科学情怀。

《大美·中国女科学家》系列丛书紧贴时代脉搏，突出女性特色，以“爱国、创新、求实、奉献、协同、育人”六大科学家精神为主线，重点宣传女科学家在报效祖国、潜心钻研方面的感人事迹，竖起一面向青少年宣传科学家精神的旗帜，激发广大青少年的报国情怀、奋斗精神、创造活力。

《大美·中国女科学家》系列丛书计划分批推出，第一卷和第二卷的采编对象主要来源于“诺贝尔科学奖”和“世界杰出女科学家奖”获奖者以及中国科协2018年“百名科学家、百名科技工作者”座谈会部分代表。后续还将陆续推出三至六卷，采编对象范围包括中国科学院院士、中国工程院院士、中国青年科技奖和中国青年女科学家奖获奖者及“百名科学家、百名科技工作者”座谈会代表等。

《大美·中国女科学家》系列丛书以“图书+音频+视频”的方式呈现中国女科学家的风采，读者可扫描书中二维码进入收听与观看。通过多形态呈现，满足广大读者不同梯度的阅读需求，提升阅读体验，扩大传播效果。

编者的话

古往今来，中国历史上曾有许多优秀的女子巾帼不让须眉，除了众所周知的花木兰替父从军、穆桂英挂帅之外，在封建社会走向现代文明社会的漫长历程中，在推动社会进步与科技发展的璀璨星空中，也不断活跃着女性睿智靓丽的身影，比如绘制中国第一幅军事地图的东吴赵夫人、精通天文学和数学的女科学家班昭，乃至中国现代妇产科学奠基人之一的女科学家林巧稚、著名物理学家何泽慧等，一代又一代优秀女性的优良品格及家国情怀，在推动中国社会进步中发挥了不可或缺的重要作用。

党的十八大以来，在以习近平同志为核心的党中央坚强领导下，我国科技创新能力持续提升，获得了许多重要的成果，科技竞争力不断提高。今天，我国的女科技工作者约占全国科技工作者队伍的40%，是我国科技事业和经济社会发展中的重要力量。中共中央总书记、国家主席、中央军委主席习近平同志强调："组织动员妇女走在时代前列，在改革发展稳定第一线建功立业。"《大美·中国女科学家》系列丛书的出版，正是集结了一批在现代做出重大科技贡献的中国女科学家，记录她们的事迹，讲述她们的求学、成长经历、为科研做的努力、为培养新人付出的心血，为中国科技事业发展作出的卓越贡献。希望通过她们的事迹，激发广大读者，尤其是青少年的科学兴趣，点亮科学梦想，走进科学殿堂，实现自己的人生追求。

目录

秦川：铸就实验动物科技高速路

简　介

秦川（1959.10—）中国医学科学院医学实验动物研究所研究员，北京协和医学院教授，国际实验动物科学理事会科学家理事兼人才培训部主席，中国实验动物学会理事长，主要从事实验病理学研究和人类疾病动物模型研制。

秦川如是说：“通过动物了解人类健康和疾病本质，通过动物评价疾病防治产品，需要先潜心研究动物和人类的异同”。她的身后，是医学—比较医学学科的诞生、壮大……

科研报国：追寻实验动物学科的使命

实验动物是什么？在进入这个行业前，秦川对实验动物学的认识仅停留在大学教科书上，认为它不过是区区一只用于科学实验的小白鼠而已，而她原本的志向并非是实验动物学科。

刚从哈尔滨医科大学的临床医学专业毕业时，秦川受母亲是医生的影响，她的理想是成为一名儿科或者妇产科医生，救死扶伤，让病人免受病痛的折磨。

也许是命运早就注定了她要与实验动物学结下不解之缘。20世纪80年代，正当她踌躇满志地做自己的职业规划时，恰逢我国实验动物学起步。改革开放之初，科学春风吹满大地，然而，生命科学、医学、药学领域的学者很快发现，实验动物成为限制科学实验的瓶颈，没有这种不可或缺的科技资源，阐明生命、健康和疾病本质的基础研究就无法开展；没有实验动物来评价药物的有效性和安全性，药物就无法转化向临床。因此，我国陆续建

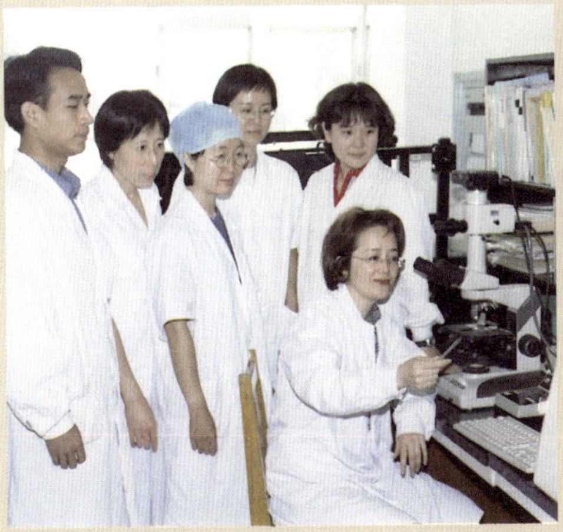
○ 秦川指导团队进行实验病理分析

○ 秦川在做人类疾病动物模型的实验病理分析

立起研究专业机构和基本技术体系。感受到了实验动物学这一国内新兴基础学科的巨大发展空间和对生物医药行业的重大意义，秦川果断放弃了临床医学梦，毅然加入国内第一个实验动物专业研究机构——中国医学科学院医学实验动物研究所。

“当时我国实验动物研究与国外差距较大，参考资料寥寥无几，相关教材只有英文版的《大小鼠的基本组织学》等少数几本书，实验动物种类较少。”回忆起实验动物学科最初起步阶段的困难时，秦川感慨良多，而发达国家的迅猛发展又让她寝食难安：“到国外一看，光小白鼠就有数百种，具有不同生物学特性的动物用于不同的实验研究。”对于肿瘤、传染病研究十分关键的小鼠资源，美国曾明令禁止对中国出口。我们国家

◎ 秦川（第一排左4）参加国际交流合影

的科技事业，必须建立在科技资源自给自足的基础上，我们国家的生命科学和医学研究，不能依赖、也无法依赖发达国家的实验动物资源。一向不服输的秦川立下了促进我国实验动物研究追赶发达国家的志向。

责任感点燃了她对这个学科的热情，于是她追随当年的老所长投入基础性的学科教材编写当中，他们组织人力、物力撰写了我国实验动物学的第一本教材，为后来研究者提供知识储备和借鉴。20 世纪 90 年代，在我国缺乏实验动物科技人才的情况下，她在老所长的领导下，作为主要执行人员推动了中日政府间人才培训项目的开展，举办了 18 期培训班，培训学员近 500 名，为实验动物学科的发展孕育了第一批人才。

○ 秦川正在做实验室生物安全培训

○ 秦川（第一排左4）与研究生在毕业典礼合影

在日本学习期间，秦川敏锐地认识到老年病未来将成为社会的重要问题之一。回国后，她就在国内尚未意识到老年痴呆症危害时，于1997年研制了我国第一个老年痴呆症转基因小鼠模型，而该小鼠目前成为研究老年痴呆症最常用的动物模型。

随着研究的深入，秦川愈发感受到实验动物学的魅力。“亚里士多德说，知识（科学）不是起源于实际生活的需要，而源于对世界的‘惊异’。也就是说，这种探索感兴趣的是知识本身，着迷的是真理的内在推演，终极目标是发现自然界的客观之美。从这点看，我们对实验动物学的探索跋涉，都是对科学美的感知，是非世俗、超功利的，因而也更加永久。”正是有了这种探索精神，在面对学科的国际难题，以及国内外巨大的学科发展差距时，秦川总能带领团队苦中作乐、潜心耕耘。30余年间，在前辈们培育和引进的实验动物资源基础上，她的团队根据人类疾病特征，针对性的探索新的育种技术、建立基因工程动物模型，实现了实验动物资源的继承、创新和总量的突飞猛进，并在部分新型实验动物资源上具有国际特色，经过她和全国实验动物学者共同努力，彻底改变了这个学科的面貌，也促进了我国生命科学、医学和药学领域的进步。

抗击非典：生死关头展现人性之美

2003年非典疫情爆发，可以说是对秦川和她的团队的一次综合性检验和提升。当时国家将重大的希望寄托在疫苗上，而动物模型制作分析研究是关

◎ 秦川（第一排左2）带领的抗非典科研团队的主要成员合影

系到用于疾病机制研究、病原体溯源、传播方式及疫苗评价研究的关键核心技术，在感染和致病机制阐明、疫苗和药物研发中作用巨大。医学实验动物研究所作为全国唯一有动物生物安全实验室的机构，在当时中国医学科学院刘德培、刘谦、何维等院校领导的安排部署下，秦川临危受命，带领团队承担了“研制动物模型、保障非典研究、评价疫苗和药物”的重要攻关任务。在抗击非典的胶着阶段，科研工作争分夺秒，年轻的秦川作为动物模型攻关团队的首席科学家，每个星期到中国医学科学院和相关部委汇报

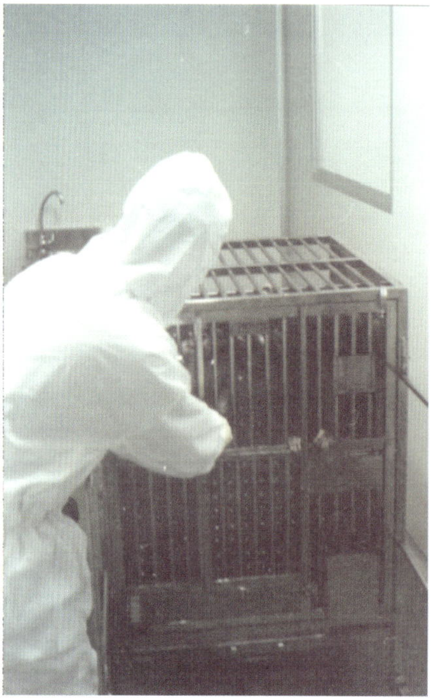

◎ 秦川正在做非典动物实验

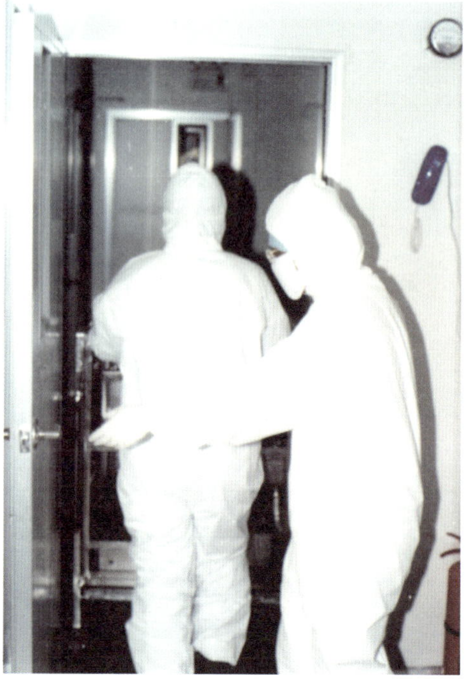

◎ 工作人员在实验中，一丝不苟地进行安全防护，为生命保驾护航

一次进展，还要应对研究所经济上的捉襟见肘和周围质疑、恐惧和反对的眼光。

◎ 秦川正在做动物病理实验

困难的克服始于实验室安全措施的研究。在P3实验室，她本着安全专业的精神，设计体系完备、安全可靠的防护方案，为一线的科学家们提供可靠有效的安全屏障。同时还想方设法将安全的信心传递给大家，为大家在科研过程中设置安全心理防线。为此，她事先邀请德高望重的病毒学家给大家授课，

◎ 秦川正在指导学生做实验

将安全观念和知识传授给科研人员，帮助大家树立正确的生物安全理念，让大家吃下一颗定心丸。一次实验室突然停电，病毒极有可能在高温环境下泄露，引起了一定程度的恐慌，闻讯赶到后的秦川没有丝毫慌乱，她一方面沉着冷静地指挥科研人员保持镇定，不要异动引起病毒泄露，并按照应急预案规范操作，等待电力恢复；另一方面安排工作人员迅速抢修线路，第一时间稳住了局面，保障了实验的安全并很快恢复了正常。

◎ 秦川（第一排左2）参加中国医学科学院医学实验动物研究所抗击SARS先进表彰大会合影

抗击非典时期的各项工作，秦川总是冲锋在前、吃苦在先，给动物接种病毒、肺组织活检取材、穿着沉重的铅衣拍 X 光片、病理解剖，以及处理含大量病毒的动物粪便等，还要做临床样本采集处理和卫生管理等工作，她把最危险的实验步骤留给了自己，为实验成果获得大量第一手准确资料。她和团队的成员一边做疫苗的筛选，一边还买来市面上能买到的所有中成药完成了药物的筛选，为国家和人民健康评价筛选有效疫苗和药物。

秦川还凭扎实的专业基础改变了无数果子狸的命运。在病毒来源的寻找过程中，果子狸一度被指责为非典的元凶。又恰逢春

◎ 秦川（第一排左3）参加全国实验动物学会科学技术奖终审工作会议

○ 秦川与实验动物学科前辈、研究所老所长卢耀增教授合影

○ 秦川与夏咸柱院士探讨推动学科发展后合影

节即将来临，“两会”召开在即，病毒肆虐严重影响人民群众生命安全和社会局势稳定，对北京地区果子狸的处理决策也迫在眉睫。北京市相关部门就果子狸的去留问题征询秦川团队的看法，迫切要求她提出专业意见。检测做完后，因为肩负的这份沉甸甸的责任，秦川在房间内来回踱步，内心百转千回，经过周密的思考和审慎的研究，她坚持认为果子狸不是非典肆虐的元凶，坚定地在检测报告上签下了自己的名字。她的宝贵意见，挽救了大量果子狸的生命，避免了因为错杀带来的巨大损失。

秦川骄傲地说："我们的团队当时做到了，尽管所里当时资金捉襟见肘，但是在院校的保驾护航下，关键时刻没有逃兵，我心存感激。"她同时强调，从表面上看，是他们抓住了历史的机遇，完成了任务而让研究所受到社会各界的关注，但是从根本上来说，是根据国家的需要完成了本职工作，承担了自己肩负的责任。

其间秦川也经历了精神上的成长和洗礼，面对巨大的压力和高强度的工作，她常常整夜辗转难眠，生出无数白发，甚至在没人的时候偷偷哭泣。但是她凭着对事业的执著追求和过硬的专业素质，担负起了国家和民族的信任和嘱托，经受住了生死关头的检视，圆满完成了自己的任务，为抗击非典成功做出了巨大

◎ 秦川（第一排右4）参加全国实验动物标准化工作留影

贡献。时任全国防治非典型肺炎指挥部科技攻关组组长、科技部部长的徐冠华院士曾参观秦川的实验室，并对其成果做出了高度评价。

“千淘万漉虽辛苦，吹尽黄沙始到金”，经此一役，她也得到成长，意志更加坚韧沉着，内心更加成熟洗练，也锻炼了一支专业的传染病动物模型攻关团队，在此后的禽流感、手足口病、甲型 H1N1、H7N9 等疫情爆发时，这个团队能够在第一时间完成动物模型研制、传播预警实验、疫苗和药物评价等国家任务，为传染病疫情的迅速扑灭提供科技保障。并在 MERS、寨卡等国际疫情发生时，为国际疫情防控展现中国力量提供动物模型支撑，保障他们能够御敌于国门之外。

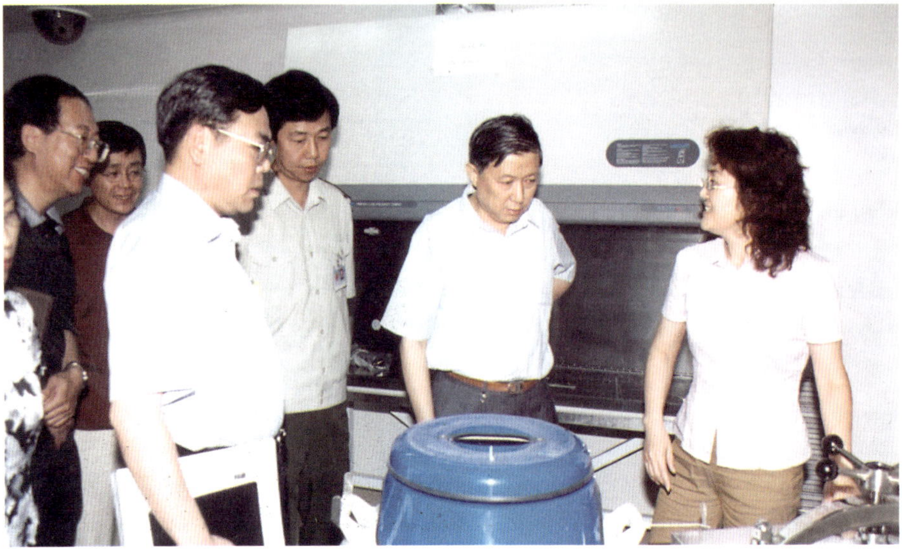

◎ 2003年科技部部长徐冠华、中国医学科学院党委书记刘谦、副院校长何维到医学实验动物研究所视察

引领学科：为转化医学铸就科技高速路

医学领域绝大多数的重大发现，都是应用实验动物模拟人类而系统阐明疾病本质的。每一种疫苗、每一种药物，它的安全性和有效性只有在动物身上得到检测，我们才敢把它用于人体。如果把疫苗和药物比作病魔的退魔之剑的话，那动物模型就是这把利剑的试金石。从这方面说，在人类科学认识疾病，并与疾病做斗争的伟大历史征程中，实验动物学科和动物模型是万里长征的第一步，也是医药成果应用于人体胜利前的最后一步。

◎秦川（左1）和同事参加实验动物学科的“全国科普日”活动

秦川在围绕医学问题开展针对性动物模型研制和分析研究中发现，这个学科的关键难题在于：大量通过动物实验发现的致病机理和潜在药物靶点无法转化，研究论文只能束之高阁；科研人员研发药物常常需要历时数十载的不懈探索，临床试验之前的动物实验则对研究的命运起着至关重要的作用，可谓成也萧何、败也萧何，只有实验动物选择恰当，实验设计合理，才能发现真正的疾病机理和潜在药物靶点，才能有效地检测出药物的效果，为是否进行下一步的临床试验决策做出正确依据。

然而，实验动物与人类之间存在物种鸿沟，动物实验结果与临床结果不一致的现象经常发生，一旦选错了实验动物，就无法将研究结果推向临床，则会使科学家之前的努力、国家投入的大量资金付诸东流，也会严重阻碍医药研发行业的发展。而经历了非典时的艰苦状况和困境，秦川教授也认识到：提前判断哪种动物对病原敏感？哪种动物模型最能接近病人？哪种动物模型的研

◎ 秦川（左5）作为团队代表参加中国医学科学院建院六十周年纪念大会

究结果能反映疾病本质？哪种动物模型评价的疫苗和药物能直接推广到人？这些问题，是实验动物学科的核心问题。

针对这个问题，秦川围绕医学研究需要，将实验动物学与医学交叉，从临床疾病角度开展动物模型的拟人化研究，建立了人类疾病的系列动物模型资源和与临床疾病特征对应的比较医学分析技术体系，并以比较分析不同物种动物模型与临床疾病的异同为基础，在医学领域创造性地建立了比较医学学科，这是我国实验动物学家在经过两代人的探索、奋斗和积累后，首次在一个新的交叉学科创建上为国际做贡献。这个学科及理论体系的建立，通过比较研究生物学差异对同一疾病在人和动物间发生发展的影响，深化了对健康和疾病的认知，从而一方面提升了动物模型模拟人类疾病的水平，显著提高了医学和药学等实验研究外推到临床的成功率，确保疾病防治策略能被针对性的动物模型精准评价；另一方面通过比较分析优化实验设计，减少了动物用量，改善了动物福利，使每一个生命的牺牲都发挥了最大的价值。是我们国家首次在实验动物学科的方法学和动物模型支撑医药研究的水平上领先于国际。秦川自豪于学科的发展，“我们有自己的特色，我们在不同动物与人的分析认知方面，要更系统、更有针对性。”

人类疾病的诱因是多种多样的，包括环境、物理、化学、饮食、心理、感染、创伤、遗传等各种因素，实验动物学就是根据不同疾病的诱因，通过全方位的技术模拟，在动物身上重建人的

◎ 秦川（第一排左3）与单位部分科研人员合影

疾病，从而支撑科学研究和药物研发的。以糖尿病为例，糖尿病有I型糖尿病和II型糖尿病，导致糖尿病的因素有遗传、饮食、运动等，同时糖尿病还有眼病、肾病、足病等各种各样的并发症，为了模拟这些不同病因，并满足上面不同病因的靶点药物的研发，我们就要研究不同类型的糖尿病，所以，单单一个糖尿病的动物模型就有数十种之多。动物模型的数量越多，科学家们自由探索的空间就越大，发现疾病本质的道路就越宽广，以美国为首的发达国家，已经把小鼠的近三万个基因全部敲除，拥有了小鼠品系三万余种，远远超过我们国家。

在医学一比较医学理论技术体系的指导下，她的团队通过长期的创新和积累，使我国人类重大疾病动物模型资源不断系统化、体系化，保证我国医学科技创新和医药转化不因为动物模型而被发达国家“卡脖子”，并在模拟临床疾病方面具有其不可比拟的优势。同时，她在实验动物资源方面的布局，也使得我国在未来传染病防控、精准医疗、靶点药物研发方面所需的动物模型资源达到了国际领先水平，为这些领域的国际竞争抢占了科技资源先机。

◎秦川（左1）指导学生进行动物组织切片制作

她曾主持重大科技专项——863计划（国家高技术研究发展计划）、国家自然科学基金等国家级课题和NIH等国际合作课题20余项，共发表论文200余篇。她带领的团队申请并获得专利12项，主编专著15部，包括卫生部研究生教材《医学实验动

○ 秦川指导学生进行动物模型病理诊断

物学》、医学八年制教材《实验动物学》、比较医学系列专著《中华医学百科全书——医学实验动物学分册》和《实验动物词典》等，参编6部，同时完成了实验动物与人的基础生物学比较、以疾病进行分类的动物模型与临床比较等比较医学系统性专著体系的规划布局。此外，作为中国实验动物学会理事长，她意识到，由于实验动物学科是支撑学科，不同学科对实验动物科技人才需求量逐年增加和实验动物学专业人才输出严重不足是当前主要的矛盾，她通过中国实验动物学会，联合全国学者和师资队伍，建立了覆盖全国的人才继续教育体系，为不同学科培养分类别、分等级的实验动物专业人才。

2018 年上半年，秦川因在历次传染病动物模型攻坚以及比较医学学科建设方面做出的突出贡献而获“全国三八红旗手标兵”称号，这是中国女性较高的荣誉，是巾帼榜样中的楷模。在实至名归和得到各界赞扬之时，她的回答依然朴实：“这是整个学科的贡献，也是整个团队的贡献，希望更多科学家和社会各界能认识到实验动物学科的重要性，把科技资源建设好，科技强国建设之路没有捷径可走，不能打游击战，必须要有扎实、可靠、足够的科技资源支撑。”

○ 中国医学科学院领导慰问“全国三八红旗手标兵”获得者——秦川同志

孙晨华：
卫星通信实现“中国创造”的巾帼英雄

简　介

孙晨华（1965.10—）中国电子科技集团公司卫星通信领域首席专家，54所副总工程师。主持了多项国家和国防重点课题，获省部级以上科技进步奖12项（含国家级3项），7项排名第一；2011年获享国务院政府特殊津贴；2014年入选国家级百千万人才工程。

孙晨华如是说：“我相信，认认真真做的每件事都会有回报，都会让你对它有更深的理解和感悟。”

在中国电科54所，有这么一个几十年薪火相传的卫星通信团队，知道差距从不气馁，面对困难永不放弃，一代又一代人在科研领域不懈努力。

在这个团队里，有一位巾帼不让须眉的女中豪杰，承载着前辈嘱托，担当起时代责任，为了缩短与世界的差距，实现地面系统由依赖引进走向中国创造的重大转型，她一直奋斗在路上。

她就是中国电科集团卫星通信领域首席专家，54 所副总工程师孙晨华。从工作第一天起，卫星通信便成为她生命的一部分。30 多年来，她亲历了我国卫星通信从无到有、从弱到强的发展历程，并以高度的责任感参与其中，为实现我国卫星通信由依赖引进到独立研发的重大转型、促进卫星通信军民融合发展做出突出贡献。

勤奋不辍，孜孜以求

孙晨华出身于中学教师家庭，母亲教数学、父亲教语文，家教十分严格。一方面，从小母亲注重培养她不慕虚荣、勤劳刻苦、男女平等的思想。6 岁开始就要求她帮忙干家务，使她养成了“眼里有活”的习惯，对她一生立足于勤劳刻苦，兼顾家务和工作十分有帮助。对她而言，回家忙家务，单位忙工作早已游刃有余，工作中自然就不耽搁、不挑三拣四。孙晨华说：“正是得益于母亲十分严格的磨炼，我才能 30 多年坚持下来，并在男同志占大多数的行业里，顶起一片天。”另一方面，父母从小就注重她志向的培养。父亲常说：“将来你无论干什么

○ 孙晨华（左2）求学时与朋友留影

都要努力当个专家，专家是某一个领域的顶尖人才，要是能当个科学家就更好了，科学家比专家知识更渊博。无论是专家，还是科学家，都不容易当，要一辈子努力。”父亲的话，潜移默化地影响了她的志向，使她从小在心灵深处种下了成为科学家的梦想，并为此奋斗一生。这也正是当今，孩子们需要的科学思想启蒙。

可以说，父母在孙晨华职业选择上，起了重要引导作用。母亲时常给她灌输“学会数理化，走遍天下都不怕”的思想。当时改革开放没多久，国家特别需要科技人才，正是在这种背景下，孙晨华作为一名女生，选择了理科。母亲认为交通和银行是国家支柱，所以选择了西安交通大学。后来发现西安交通大学不是搞交通的，机缘巧合，她选了无线电专业。就这样，

◎ 孙晨华（后排左4）求学时，与同学合影留念

中国无线电行业多了一个坚韧不拔、勇往直前的女性追梦人。

奋斗就是生活

◎ 孙晨华（后排左2）在西安交通大学读书时留影

人活着总是要为社会进步做点什么，真正的幸福不是一味地获得，而是付出，是贡献，是得到社会认可。要想贡献大，

必须不断地奋斗，在奋斗中感受幸福，在奉献中感受价值，价值和幸福是奋斗出来的。这是孙晨华信奉的人生哲理。

1986 年，孙晨华从西安交通大学毕业分配到 54 所。因为无线电这个东西特别抽象，她以前只是学课本，对实际的东西没太多接触。而跟她一起去的同事以前做一些电子小装置，很熟悉这个专业的事。当时微型计算机刚刚开始发展和应用，师傅安排她研制一个单板计算机，并实现对卫星通信设备的监控，于她而言，可以说非常难。但是她一想："我刚来第一年，不能掉队，不能认输，一定要在实习期满总结的时候，把交代我的事做完并做好。"因此，孙晨华刚到 54 所就开始加班，就这样几十年如一日的坚持不懈，一直加班加了三十多年。她就是

◎ 孙晨华（右2）与团队同事合影

凭着一股希望把事情做得更好一点儿的信念，一个超越领导和用户期望的原则，一直奋斗着。

孙晨华曾承担我国第一个舰岸CDMA卫星通信系统和第一个战术移动舰岸卫星通信系统的自主研发任务。CDMA卫星通信系统研发，可谓“抗战八年”，1994年的一天，为了解决联试中的问题，她怀着八个多月的身孕，整整站了一个通宵；在孩子未满一岁时，为了项目顺利移交，她连续出差40多天；1995年启动战术移动舰岸卫星通信系统项目研制，因没有参考资料，自主研制难度更大，为了不耽误工作，她生完孩子三个月就上班；在总工程师的带领和指导下，和课题组同志经历了近10年努力，熬了无数夜晚，突破了众多关键技术，2000年左右，依托我国首个卫星顺利完成了开通试验，研发的产品陆续装备舰队，在各类远洋任务中发挥了重要作用。

勇者面前，困难低了头

我们常用“通天彻地”“一网通天下”“缩短世界的距离”……来形容卫星通信的神通广大。在这个技术制高点上，欧美国家比我国起步早了几十年。怎样才能缩小“起跑线”上的差距？怎样才能让中国卫星从弱到强？孙晨华在技术攻关的路上一往无前，不敢有一丝懈怠。

当问到我国卫星通信领域最开始是什么状况？孙晨华说：“我们以做地面系统为主，过去卫星多数是透明转发器，只起信号转发作用，与多址等体制无关，因此通常情况下，使用卫星的地面系统就被称为卫星通信系统（当然，通信卫星系统与卫星通信系统相比，有它独特的复杂性）；我刚来54所时，我们研制的系统规模特小，体应用量特少，掌握的系统体制特少，而国外产品却已全球广泛销售了。经过这30多年，几代人刻苦钻研，我们走过了国外40~50年的历程，现在我们都有了。就拿咱们老百姓都能用得着的天通移动卫星通信系统来说，汶川地震时我们还用国外的，现在我们自主可控的系统有了，卫星、地面站，车、

○ 孙晨华和团队正在进行项目讨论

船、机等各类终端芯片都自主可控了，远海、高原、沙漠、山川，一般手机没信号的地方，用天通卫星手机就行了。此外，海事、航空、物联网等很多领域，都可以用上。”

○ 正在与同事一起工作的孙晨华

关于我国目前在移动卫星通信领域，跟国外相比还有哪些差距？孙晨华说，我们这几十年差距缩小得太多了，但是还需继续努力。第一，在达到运营级、高质量精品方面，还要耐下心来，沉下心来继续努力。要大胆用、大量用，同时要主动收集客户反馈意见，进行不断改进，要在产品使用改进方面下大功夫。技术指标先进，不代表是精品，把样品做成产品，把产品做成精品是更难、更大的创新，希望全社会树立这种意识。一定要肯定我们的自主创新和发展成绩，在此基础上，加强应用和改进，这样抓几年，我们出精品的春天就到了，继续始终不渝地抓下去，我们一定能走向世界；第二，通信和信息系统越来越融合，通信跟各行业的融合是非常重要的发展方向。互联网的基础是通信网络，现在成了一个信息系统。卫星通信也是一个通信网络或者是互联网的一部分，另外我们还需不断学习和应用人工智能等新技术。

2000 年的一天，时任卫通专业部副主任的刘学林拿着一堆材料，突然找到孙晨华说："给你这些材料看看，给专业部提个发展建议。"她仔细阅读了全部 VSAT 的介绍资料。其中 MF-TDMA 系统令她眼前一亮：这种体制适合宽带 IP 组网，占用资源少，容纳用户多，一定是将来的发展方向。从此，她与 MF-TDMA 结下了不解之缘，她下决心策划并自主研发该体制的系统，为此，带领团队查阅大量国内外资料，跑北京 100 多趟，修改 100 多次报告，在各级领导和用户的支持帮助下，终于获得了项

○ 孙晨华正在查阅专业技术资料

目立项；由于系统复杂、处理速度高，之前基础十分薄弱，她就带领课题组，从软硬件平台做起，进行了近10年的攻关，突破20余项关键技术，研制13型高新技术产品，打破国外30多年垄断，实现了中国创造，填补了国内空白。10年牵头领跑，习以为常的艰辛，强大的压力，但终究是：勇者面前，困难低了头。

路漫漫其修远兮，吾将上下而求索

谈到科研工作中遇到的困难，孙晨华说："创新没有捷径可走，那就自己蹚条路出来。困难肯定是有，具体来说，前面填补国内空白的项目，自己当时也不敢接，有很多人是不敢接的，因为没有参考，国内也没人做过，要是做不出来就砸了。我也是找过领导说能不能不让我负责，后来领导说你不负责谁负责？所以想来想去，自己尽全力。第一，组织团队，你肯定要组织一个特别适合干这个的团队。第二，学习，钻研，像我们干工程的，前期要有一个非常充分

○孙晨华被授予"河北省科学技术突出贡献奖"讲话留影

◎ 孙晨华与（左）获得全国五一劳动奖留影

的论证，所有的可行性都要论证过。论证过说可以，国家会给你批这个项目。多数经过充分的实事求是的可行性论证的项目，是能够研发出来的。”

工作中，孙晨华严于律己，极其严谨、认真、细致，不了解她的人，偶尔与她接触的人，可能会觉得她很苛刻，会觉得她不好亲近。但是与她长期共事的人会发现，精益求精是她的品格。

“古有立大事者，不惟有超世之才，亦必有坚忍不拔之志。”孙晨华牢记古圣先贤名言并践行着。她说：“进我团队的成员，第一要抓的是作风，能加班，能吃苦，不能讲条件，要是做不到这些，难出成绩。科研工作很枯燥，也需要一辈子付出，光靠聪明是不行的。幸运的是，我也遇见了非常出色的团队成员，能坚持，能吃苦，能耐得住寂寞，能坐得了冷板凳，最终他们也都成了栋梁之材。”

孙晨华觉得培养人得落到实处，需细水长流、潜移默化、身体力行。不是灌输知识，是培养习惯和思想，带他们真正进入这个领域，让他们感知国内外发展水平，短时间内把他们引领到一个较高的层次；以身作则地影响他们，怎么研究问题，怎么解决问题，怎么组织团队协作？

正是在她的严格要求和身体力行影响下，她的团队人才辈出。团队中走出的有中国五四青年奖章获得者，有全国优秀博士后，

○ 孙晨华正在给团队年轻人答疑解惑

有全国岗位能手，有河北省军民融合十大人物、巾帼建功突出贡献团队，有国家重大项目总工程师、副总工程师，有一批批的中层领导和领域专家，技术骨干。

一息尚存须努力，留作青年好范畴

孙晨华说，科学家精神首先要有坚韧不拔的毅力，要有一辈子坚持做一件事的精神，科研工作要取得成绩，不是一朝一夕或者一两年的事，十年也不见得能出成绩，也可能是一辈子，一件事做一辈子，干一件事，干一个专业，一辈子还不一定能做得很好，但你只要有这个决心，你肯定做得比一般人好。其次，还要有学习能力。科学技术发展太快了，卫星通信

○孙晨华说，做科研就是一辈子，要么苦一时，要么苦一辈子

方面更是日新月异，需要不断地学习，跟上社会发展，提高修养，扩展知识面。学习不只是看书、开会，跟人沟通等也特别重要。需要有把别人的想法理解后，丰富自己想法的素质。

孙晨华还继续奋斗在卫星通信领域第一线。走进国内卫星通信相关企业和用户，提起她时常常会听到这样的赞叹："她的敬业、吃苦精神和责任心，以及专业水平一般人是很难企及的"。单位同事们这样评价她："她的拼劲儿，你难以想象"；"一般人工作是为了养家糊口，可她的境界不一样，她是真正把工作当成事业，甚至当成兴趣，她的用心、责任心、几乎很难见到能与她相提并论的"；"精益求精是她的品格"；"她代表了卫星通信发展的一个时代"。她是一个几乎夜夜工作到十一二点，仍然能够在每天的清晨提早走上工作岗位的人，是一个具有高度责任感、匠心精神和创新精神的时代楷模。

孙晨华说，是父母从小用当科学家的梦想激励了我，十分严格的家教磨炼了我，国家发展大背景和好的领导和团队成就了我，我希望越来越多的青少年种下科学家的梦想，磨炼坚韧的毅力和增强自我约束力，在新时代民族复兴的舞台上，融入我们各行各业的创新团队，实现梦想，享受幸福，绽放光华！

姜丽萍：中国航空事业的“铿锵玫瑰”

简　介

姜丽萍（1966.4 —）现任中国商用飞机有限责任公司制造总工程师、国家商用飞机制造工程技术研究中心主任；组织策划了ARJ21和C919项目制造技术总方案并成功实施；成功构建了ARJ21新支线飞机和C919大型客机完整的工艺规范体系，为民机研制做出了较大贡献

> 事实证明国产飞机在安全性、可靠性、舒适性等方面不比国外同类型飞机差，甚至更好。这也使得ARJ21新支线飞机在新时期我国商用飞机发展中的先期探索、先导示范和市场先入作用更加突出，更具战略性和引领性。

她，被不少媒体称为“中国第一位飞机制造厂的女性总工程师”；她，一副看似柔弱的肩膀，却扛着中国的大飞机梦；她，不仅是孩子的好妈妈、丈夫的好妻子更是孝顺的好女儿好儿媳；她就是中国商飞公司制造总工程师姜丽萍。

努力用功，成了“免检”技术员

姜丽萍的初高中，都是在江苏省常州市第一中学读的。当时她所在的班级，是一中（初中部）组建的第一个教改班，生源来自全市各小学的尖子生。高一那年的全市数学竞赛，全市 5 个一等奖，3 个出自他们班。在这么一个学霸云集的班级，姜丽萍一直稳居第二名。

姜丽萍的优秀，不仅体现在学科上，她身上的那股韧劲儿特别值得同学学习。当时在学校里，女生一般都畏惧长跑，但她总是主动报名参赛。“时隔多年，当年一次女子 800 米长跑比赛让我印象很深刻。那一次，姜丽萍的肩膀疼得厉害，但她还是坚持跑完了全程。”曾担任过他们班班主任的杨老师，说起姜丽萍眼里满是赞许，“认真踏实，全面发展”，她用这 8 个字，概括评价了姜丽萍。

◎ 1993年姜丽萍在南京航空航天大学CAD中心工作

1991 年，姜丽萍从南京航空

航天大学飞机设计专业毕业留校。1995 年，她通过人才引进来到当时的国内民机的“重镇”——上海飞机制造厂。“上飞厂”的制造能力日渐发展，姜丽萍也不断成长、提升，如同一株树苗，努力吸收着丰富的营养。

1999 年她被中航一集团派往空客英国公司，参加 A318 的设计工作。在英国的两年四个月中，虽然他们的工作环境比国内好，待遇条件也比国内优，但是作为中国人，并不能得到他们的充分信任。“我只能埋头苦干，用谦虚谨慎的态度去学习老外的优点和经验，用扎实的专业技术赢得老外的尊重和信任。”回想起在国外的那些经历，姜丽萍感受颇深。用功的她，通过自己的努力钻研，专业技术水平和工作能力得到了国际同行的认可。在空客的她也慢慢变成了“免检”技术员，只要是姜丽萍提交的现场问题分析报告，专家往往挑不出瑕疵。

在谈起英国工作时的经历，姜丽萍提到，因为自己干活动作特别快，而且中国人的习惯是领导把一个任务交给你了，你就立马要完成，这个习惯她也保留到了英国。有时候两个星期的活，她可能两天就完成了，因为总是提前高效地完成任务，有一段时间姜丽萍还参与 A320 的研发任务，比如帮他们处理一些个性管理、工程问题申请等，这些经历，都为姜丽萍后续发展奠定了良好的基础。

勇挑大梁，研制 ARJ21 新支线飞机

尽管在国外发展还不错，也拿着高薪，但姜丽萍始终关注着国内民机产业的发展动态。在提到为什么选择回国时，姜丽萍说：“尽管国外可以学到很多的东西，很多部分是国内接触不到的，但实际上我和家里人都有一个感觉，那个地方不是你的地方，相比英国舒适的生活条件、优厚的薪资待遇，我更想为国家做一点儿事情，为祖国的民机事业贡献力量。”2002 年，ARJ21 新支线飞机项目立项，姜丽萍果断响应祖国的召唤，第一时间打包回国，毅然投身国家航空发展的事业中。

◎ 2015年3月姜丽萍在ARJ支线飞机研制现场

回国 8 个月后，她成为“上飞厂”的总工程师。2004 年，她

被任命为ARJ21新支线飞机项目总工程师。这也创下了年龄最小唯一一个女性主机厂总工程师纪录。这个岗位要求极高，女性总工程师十分罕见。姜丽萍表示："当时接到这个任务，所承受的压力还是比较大的。自己还比较年轻，能否挑起这个大梁心里也没底。"不过，她仔细衡量，"在硬件储备上，我不逊色于男性，在处事交际中，我有女性独有的细腻、果敢。所以，我还是有信心能担起这份责任。"一方面，她虚心向当时的老专家、老总工程师请教，得到了老前辈们的大力支持和帮助。同时，她自己也有一股敢啃硬骨头的劲儿，每天面对新问题，始终保持兴奋状态。"这一路走来，也就这么咬咬牙坚持了过来。"姜丽萍笑着说。

○ 姜丽萍（左）和技术人员一起在现场研究照相测量技术

ARJ21新支线项目是国内首次采用“主制造商－供应商”制造模式的民机项目，将构型管控延伸到供应商，对飞机整个制造过程进行控制，提升供应商协同能力，保证数据唯一性及追溯性。

“ARJ21新支线飞机也是真正意义上咱们自己首次采用数字化制造技术来制造的飞机型号。上飞公司通过波音737平尾的结构件制造，有了一定的数字化制造技术储备，但都是在美国专家的协同下共同完成的。”说起ARJ21新支线，姜丽萍这样表示。

而研发ARJ21飞机与其他民用航空飞机不一样的地方，在于当时我们国内还没有生产过喷气式的客机，而且从来没有自主研制过一款民用飞机。

○ 姜丽萍在ARJ21首架平尾装配开铆仪式上发言

姜丽萍曾经说，“ARJ21 对我来说是一个挑战，每一个过程都比较辛苦。如果要说起其中比较特别的事，团结的队伍是我们发展的基础和保障。我一直认为我是在老总工程师们的帮助下成长的，我常说我有六个师傅，他们分别从事项目管理、结构制造等，还有一个是我真正的师傅，就是我的前任总工程师，这六个人一直在帮助我。我记得刚开始的时候，因为他们都各有想法，都希望我能听他们的主意，但是有时候我听了 A 的 B 就不太高兴。记得有一次，快下班的时候，我跑到总工程师办公室，我跟他们说我觉得我们还是要齐心协力，希望他们之间不要因为我听了谁的主意、不听谁的主意而产生矛盾。当时说着说着我就哭了，我

◎ 姜丽萍（左2）在飞机导管制造现场讨论导管交付进度

○ 姜丽萍（前排左2）在C919平尾试验件装配现场技术讨论会上

说你们都是我的父辈，哪怕现在有的是返聘的，有的是即将退休，希望你们不要因为工作而产生矛盾，俗话说众人拾柴火焰高。在那之后六个师傅特别齐心，每天下午四点钟我就会到他们办公室说一说明天想要怎么做，然后他们就给我出主意，我说好了，晚上回去我自己想，第二天早上我会跟他们说，我可能想要拿什么样的方案，这个活该怎么干，等等。还有一次我正好到现场去，看到了机械总工程师，他当时快60岁了，自己钻到机头里面去推设备架，磕了头也顾不上休息。这些老一辈专家的敬业精神特别令人感动，我当时是流着泪走的，我也下定决心自己要坚持下去。既然有这么多人支持我，还是要把这条路走下去，因为我们都朝着一个目标在努力，那就是要研制中国人自己的民用飞机。

在姜丽萍的眼里，ARJ21 新支线飞机的研制及试飞成功，有着非常重要的意义。她表示，通过它，我国首次走完了喷气支线客机设计、制造、试验、试飞、交付等阶段全过程，掌握了一大批新技术、新材料、新工艺，积累了重大创新工程的项目管理经验，初步探索了一条“自主研制、国际合作、国际标准”的国产商用飞机技术路线，初步建立了新时期我国商用飞机产业体系、技术创新体系和项目管理体系，锻炼培养了一支宝贵的大飞机人才队伍，为 C919 大型客机项目顺利推进开辟了道路，积累了经验，清除了障碍，创造了条件，奠定了基础。

目前，ARJ21 新支线飞机已经运营近 16000 小时，运送旅客 18 万人次，客座率 90% 以上，获得了国内外 453 架订单。面对这些成就，姜丽萍心里很是欣慰。“这使得大家更有信心了，事实证明国产飞机在安全性、可靠性、舒适性等方面不比国外同类型飞机差，甚至更好。这也使得 ARJ21 新支线飞机在新时期我国商用飞机发展中的先期探索、先导示范和市场先入作用更加突出，更具战略性和引领性。”

不过，姜丽萍认为，目前我国的飞机制造业与日本及英美等国家比，还有一些不足。“比如软实力还不够，我们在工作的方法上、管理的精细化程度上、文化的理念上还有些不足。我们在集中力量办大事上有比较大的优势，但是我们在管理理念上、在文化传承上还是有所欠缺的。这都是我们今后要更加努力的方向。”

◎ 2016年10月姜丽萍参加C919大型客机发动机吊装

我希望更多优秀人才群体发光

从某个角度看，航空制造比航天制造难度更大，它不追求一次性飞行成功，而是要求次次飞行成功。有人说，总工程师系统领军人物，是飞机制造的“灵魂”，要求具备高超的技能、过人的胆量，更要有驾驭应对复杂多变情况的工作协调能力。近 15 年的总工程师生涯，无疑是对姜丽萍最简单，也是最厚实的注释。

中国商飞 2008 年正式成立，要实现的是“让中国的大飞机早日翱翔蓝天”的梦想。从 ARJ21 到 C919，是制造体系上的飞跃，也是新技术、新材料、新工艺的飞跃。

◎ 姜丽萍（前排左5）和研发团队为C919首飞成功点赞

C919的制造，引进了具有世界先进水平的5条自动化装配生产线。生产线安装过程中，姜丽萍每天都要去看一眼现场。如果出差一周没去，她回来就算半夜了都要去现场看一看，“看一眼就安心，看不到很难受。它就像我的儿子一样。”当看到C919首架机稳稳降落时，她才暂时地长吁一口气。

飞机的制造是一个系统性的工程，需要设计、工艺以及制造装配等多个环节协同工作以确保飞机的质量。装配技术作为飞机制造过程中的最后一个环节，也是特重要的环节之一。2018年3月23日，由姜丽萍等完成的项目《大型客机机体数字化装配关键技术及集成应用》荣获上海市科技进步一等奖。项目研制完成的中央翼、平尾、中机身及全机对接四条数字化装配线，为C919首架机首飞保驾护航。

以身报国志、筑梦长空情。一道道难关被攻克，这些都是骄人的成绩——开展大型客机技术攻关项目，编制修订商用飞机工艺规范，解决新材料、新工艺在国内民用飞机应用工艺上的难题，等等，这一切都将写在历史的功劳簿上。

在没日没夜研制C919大型客机的背后，是姜丽萍和其团队付出的辛苦汗水。“上飞公司大部分员工都是来自国内航空院校刚刚毕业的大学生，这使得我大部分时间都和这些青年人一起工作、加班、奋战。”说起这支一起打拼的团队，姜丽萍最大的感受就是这些年轻人特别有战斗力、悟性特别高。“我一直跟他们说，要敢于担当，做事情要跨前一步，不要感觉多做了就吃亏了，年轻人吃亏是福。这些小伙伴都是这样成长起来的，现在都在各个岗位中发挥了重要作用。”

姜丽萍在提到对团队中年轻人的引导时，还特别分享了自己经历的两个阶段，“在ARJ飞机研发的起始阶段，大家都是摸着石头过河，团队中有不少新手，当有些操作只有我们那些老总工程师们知道，老工人师傅们知道的时候，我觉得我承担的角色更多是表率，因为我也在向老总工程师和老师傅们学习，我跟年轻人共同向他们学习，所以我跟新手的关系是很亲密的，我跟他们是一样的，只不过我可能职位高一点，可能有时精神状态会比他们好一点，这是第一个阶段。到了第二个阶段，在研发C919的时候，自己则是伙伴也是导师的角色，工作的过程既是自己学习成长，也是带着年轻人成长的一个过程。”姜丽萍跟员工以及工人师傅们的关系都非常融洽，因为她愿意听别人的意见，她常说自己不是专家，工人师傅们才是专家，因为他们知道具体的活是怎么干。姜丽萍认为，做领导更重要的是把控好方向，做好监控管理，让每个岗位的人都发挥自己的长处。

姜丽萍不仅希望自己闪光，也希望更多的优秀人才群体闪光，把航空事业照射得更亮。让她开心的是，她的团队的工作量是最大的，但跳槽的人最少。“被你骂成这样，一个都还没跑，你真有一套。”有人曾这样开玩笑地对姜丽萍说。

确实，团队中的年轻人，觉得姜丽萍像一个妈妈一样，有时候脾气好，有时候也会发脾气，而在姜丽萍眼中，看到年轻人们一个个都能独立干活，都能跟别人博弈，这是她感到最欣慰的时候。

在姜丽萍和她同事们的共同努力下，经过多年发展，中国在民机制造领域取得了可喜的成绩——ARJ21 新支线飞机投入市场运营，C919 大型客机首架机实现了首飞。

感谢家人，让我勇于追梦

姜丽萍有一个典型的工程师家庭，她的丈夫从事的也是航空制造相关的工作。他们的儿子，在剑桥完成机械工程专业的本硕学习后，如今继续在英国攻读制造方面的博士学位。

他很崇拜自己的妈妈，喜欢妈妈的工作，在剑桥求学的他，选择了和母亲一样的专业，经常说他和妈妈是一个星球上的人，而爸爸是外星人。“他从小对飞机感兴趣，也放弃了年轻人更愿意从事的金融专业，坚持读机械专业。我们希望他毕业后能从事飞机发动机研发等方面的工作。”说起儿子，姜丽萍跟说起她的飞机一样，眼中透着柔情。

因为工作忙碌的缘故，姜丽萍心里一直觉得对家人有所亏欠。“我经历了 ARJ21 新支线飞机和 C919 大型客机两个型号的研制过程，可以说在这个过程中，的确是十分艰难和辛苦的，我和我

○ 姜丽萍在C919后机身试验件装配现场照

的团队常常是早出晚归，经常加班到深夜，有一段时间几乎是以厂为家。对家里的照顾确实比较少，当然我的爱人对我的事业可以说是默默的支持，这还是让我很感激的。”这么多年来，姜丽萍一直在家人的支持中，越走越远，努力实现着自己的飞机梦。

许多孩子从小都有当科学家的梦想，对此，姜丽萍说：“科学家是很多孩子都想做的，但是这条路并不好走，家庭的鼓励和支持特别重要。如果孩子有兴趣的时候，父母一定要支持他，而不是高压压迫他。阶段性学习的好与坏，其实并不见得就是以后做的好与坏，最重要的还是一定要让孩子保持住兴趣。”

作为一名杰出的科研工作者，在姜丽萍的心中，“科学家精

◎ 姜丽萍（左2）与同事在飞机装配现场研究飞机外形测量数据

神”就是沉下心来、心无旁骛做科研的精神，更是无私奉献的精神。也因此，她希望现在的年轻人，要脚踏实地，要敢于追梦。

“幸福有着不同的来源，从自然中，从家庭中，从事业中，它的境界不在此岸，也不在彼岸，就在我们生命的旅途中，就在我们执着的追求和不断的超越中。站在新时代的新起点上，让我们以饱满的热情、执着的追求、开拓的精神奔跑在各自领域中，今天播下新的希望，明天收获新的幸福。”姜丽萍如是说。

王小云：撼动密码学的“支柱”

简　介

王小云（1966.8 —）清华大学教授。主要从事密码理论及相关数学问题研究，破解了MD5、SHA-1等5个国际通用HASH函数算法，解决了十多年来HASH函数碰撞难的科学问题；设计了我国HASH函数标准SM3。2017年当选中国科学院院士。

密码理论与技术是网络安全的核心，网络安全离不开密码，以密码技术为基础支撑。密码学家的使命就是为保护网络与信息安全提供安全高效的密码算法。

失之物理，收之数学

1966 年 8 月，王小云出生在山东诸城的农村，故乡天蓝水清，她在大自然的滋养中快乐成长。天资聪颖的王小云，自幼热爱劳动，喜欢思考数学问题。她和两个姐姐，两个弟弟的学习成绩在乡里乡外小有名气。

“父亲从小教育我要像居里夫人那样，为科学献身，为国家做贡献。看到我对物理充满了兴趣，就鼓励我考大学从事物理专业的学习，并建议我从事核物理的研究，到中国的大西北投身到祖国的国防事业建设中去。但高考的时候因为物理意外失误，反而数学考的很好，无奈之下改了志愿。”

◎ 王小云是学生眼中亲切和蔼的王老师

恢复高考后，父亲对我们充满了期望，家里的经济非常艰难，父亲经常跟母亲说，不管多难一定要让我们完成学业。王小云成长道路上对她影响最深的人是她的母亲。“父亲常年在外教学，经常两周才能回来一次。为了让我们能安心学习，母亲承担起了全部的农活、家务活，即便再苦再累母亲也总能把事情处理得井井有条。”“母亲真的非常伟大，勤劳善良是她最优秀的品质。在我的记忆里，母亲每天都劳动到深夜，我很小时就陪母亲熬夜。也许正是这个经历，历练了我工作以后深夜工作的能力。”

1981 年，王小云考上诸城一中。“其实，我比较痴迷物理。”高中两年，她的物理成绩始终是班里第一名。每一节物理课她都上得非常投入，但在 1983 年的高考中，她的物理成绩却远不如数学，因此在高考志愿上，她将山东大学数学系作为了首选。

入读山东大学后，王小云对物理的眷恋一直挥之不去，还一直寻找并等待转入物理系学习的机会。但随着学习的深入，数学本身严谨的逻辑思维，以一种巨大的力量紧紧地抓住了她的心，她的实力逐渐显现出来，成绩名列前茅，她也逐渐爱上了这个当时退而求其次的专业。因此，在后来报考研究生志愿时，她毅然选择了著名数学家潘承洞院士所从事的解析数论方向。

1987 年，王小云顺利考上了山东大学数学系的研究生，学习了一年之后，在两位导师潘承洞院士、于秀源教授的建议下，她将研究方向由“解析数论”改为新兴的“密码学”。

数论是公钥密码学最核心的数学基础。正是由于它的重要性，在 20 世纪 80 年代中期，山东大学数学系的潘承洞、于秀源、展涛三位老师便成立了密码研究小组，并亲自选拔了两位优秀的数论研究生王小云和李兆宗从事密码学的学习和研究。

1996 年，王小云博士毕业留校工作三年后，在同校老师李大兴的建议下，从喜欢的公钥密码转为当时国内无人从事的冷门方向 HASH 函数研究。从零起点开始一个新方向的研究，由于材料短缺，王小云便从定义开始熟悉 HASH 函数的内涵，在没有研读过 HASH 函数分析论文的前提下，她开始了 HASH 函数的安全性分析，经过八年的潜心钻研，先后取得了多个突破性成果。

◎ 2006年王小云（右3）荣获“求是杰出科学家奖”留影

王小云说：“现在看来，当初选择这个研究方向是冒着很大风险的，事实上这个方向里的科学家，99% 的人永远也不会取得成功。但我对这个问题很感兴趣。”实际上，开始HASH函数研究不到半年时间，破解HASH函数理论分析方法的一些主要思想就酝酿在她的脑海中了，1997年春季她便已经成功给出了第一个算法SHA-0的碰撞攻击路线。

如今她的导师潘承洞教授已经去世整整20年了。但回忆起导师，王小云依然充满感激之情。“我非常感谢潘老师当时给我指明了一个非常正确的研究方向。”

“王氏攻击”（Wang's Attack）震惊世界

2004年之前，国际密码学界对王小云这个名字并不熟悉。2004年8月15日，在美国加州圣巴巴拉即将召开的美密会开幕式的前夜，来自山东大学的王小云拿着自己在HASH函数领域的系列研究成果，充满信心地找到大会主席Jim Hughes教授。

听了王小云的陈述，Hughes教授显得非常兴奋和激动，与王小云聊了很长时间。并当场做了一个特别的决定，在8月17日晚上，会议将安排三场关于HASH函数的特别报告。

当晚，在国际著名密码学家Eli Biham和Antoine Joux相继做了对SHA-1的分析与给出SHA-0的一个碰撞之后，王小云教授宣布了她及她的研究小组近年来的研究成果——对MD5、

HAVAL-128、MD4 和 RIPEMD 等四个著名密码 HASH 函数算法的破解结果。当公布到第三个成果的时候，会场已经是掌声四起，报告不得不一度中断。报告结束后，与会专家对她们的突出工作报以长时间热烈的掌声。部分学者更是起立鼓掌致敬，这在密码学会议上是少见的盛况。

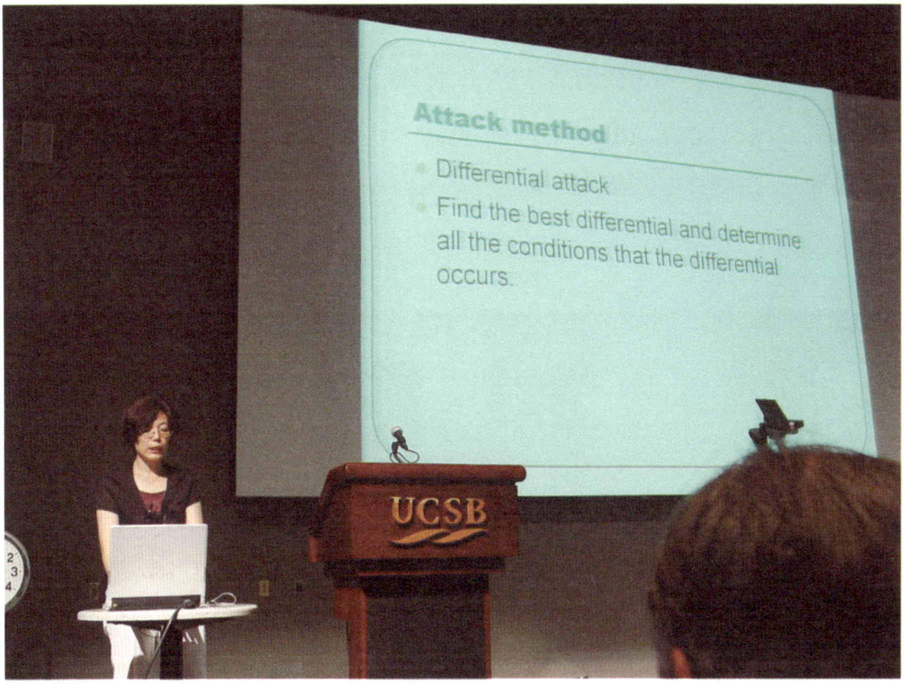

◎2004年王小云在美密会上宣布MD5破解

王小云的研究成果宣告了固若金汤的世界通行密码标准 MD5 堡垒的轰然倒塌，这是密码学领域的重大发现，引发了密码学界的极大关注。国际著名 PGP 公司负责人 Philip R. Zimmermann 在会议现场当众对她说：“我们很快出台应对 MD5 的措施……就凭这一成果，你可以在美国任何一所大学获得职位。”

Eli Biham 教授激动地对王小云说：“现在，他们每个人都在谈论 MD5！”还有一位密码专家则对王小云表示：“我们政府打来电话，问我到底发生了什么！”当王小云在桌上向与会专家描述自己的破解（break）结果时，一位来自澳大利亚的密码专家打趣道：“你会把桌子也敲破（break）的！”后来的大会总结报告中这样写道：“我们该怎么办？ MD5 被重创了；它即将从应用中淘汰。SHA-1 仍然活着，但也见到了它的末日。”

然而，让密码学界更为震惊的是，2005 年 2 月 15 日，在美

◎ 2005年欧密会期间王小云（右）与Eli Biham教授讨论Hash 函数

◎2005年王小云（左2）受聘为清华大学杨振宁讲座教授

国召开的国际信息安全RSA大会上，包括三位图灵奖得主Adi Shamir、Ronald L. Rivest和Whitfield Diffie在内的五位密码学家宣布了王小云教授关于SHA-1破解的最新成果，这是继MD5之后，王小云和她的团队在密码研究领域又一次取得的突破性成果，而这个破解的工作只用了两个多月的时间。

王小云相继对MD5和SHA-1的破解，证明了电子签名是可以被有效伪造的，设计更为安全的密码HASH函数标准迫在眉睫。美国国家标准与技术研究所（NIST）专门举办了两次研讨会，以应对两大算法破解带来的安全威胁，并于2006年出台了新的HASH函数使用政策：“规定联邦机构在2010年以前必须停止

SHA-1 在电子签名、数字时间戳和其他一切需要抗碰撞安全特性的密码体制的应用”。为了应对 SHA-1 的攻击，2007 年 NIST 在全球范围内启动了 HASH 函数新标准设计的五年工程。

自 2004 年美密会召开以来，在国际密码学会议上、刊物里以及专家学者们的讨论中，“王小云”“王氏攻击”后面总是与“震惊密码学界”“密码学的危机”等连在一起。中国众多媒体称王小云是当今密码学界的“巾帼英雄”“奇女子”！自此，中国女学者“王小云”的名字，写进了国际密码学界的史册。

王小云说：“我要特别感谢杨振宁先生的支持，为了加强清华大学高等研究院基础科学研究，培养有创新能力的科学人才，

◎ 2012年清华大学高等研究院成立15周年，王小云（右）与杨振宁先生交流

杨先生募集捐款专门设立基金，用于支持聘请国际著名学者和杰出青年学术人才来清华大学高等研究院潜心从事科学研究。作为土生土长的国内专家，我和海外引进专家享受着同等待遇，这种人才支持模式为清华大学后来的人事改革也起到了一定的借鉴作用。多年来，他对于我们清华密码团队取得的每一个成果都极为关注。事实上，他最为关心的事情是：我们是否为国家重大安全通信工程设计了最先进而安全的密码系统。”

事业生活，比翼齐飞

也许很多人会以为，一个整天与数字、公式、密码打交道的女人，生活上难免枯燥乏味。事实上，王小云是个极富生活情趣的人。她不仅是一位优秀的女科学家，生活中也是一位好妻子、好母亲。

王小云和从事医学研究的刘瑞田于 1991 年结婚。女儿在四年后出生。1996 年起，王小云开始着迷于 HASH 函数的安全性分析，由于分析过程中需要借助计算机的编程，并且需要不停打印她自己独创的“比特分析法”的分析表格。但是每次打印，都需要专程到数学系机房里的激光打印机上进行，有时甚至要排队等上很久。为了节省往返于学校和家之间的时间，也为了方便照看孩子，王小云和丈夫商量后，花掉了当时家里的所有存款买了计算机、打印机和扫描仪，在自家的办公桌上搭建了“工作平台”。这是20世纪90年代中期，每个大学老师梦寐以求，却没有几个人敢于真正付诸实践的举动。自此之后，每天忙完家务、哄睡女儿，王小云就会坐在家里的电脑前，开始演算HASH函数的破解方法……

◎ 2005年王小云在家中工作照

在破解密码算法RIPEMD的过程中，由于算法的设计特点，出现了与其他被破解算法差别较大的规律。而这个规律是王小云在调程序的过程中发现的，事先没有料到。王小云通过精心推导，找到问题所在，为了推出一条能够找到碰撞的真正路线，她先后找到30多条可能的破解路线。每天哄女儿睡着后，继续编程工作到深夜一点钟左右，攻关时间长达三个月，这段时间也恰好是她爱人在美国读博士后期间，家里只有她和女儿两人。

“那段日子，经常是在深夜里精神头正足的时候，而一条路线的调试却在最后的关键两步被证明是不可能的，这时只好带着遗憾去休息。第二天送女儿上学后，赶紧回家继续寻找新的攻击路线。”“那段时间，我抱着孩子、做着家务的间隙，各种密码可能的破解路径就在我脑中盘旋，一有想法我就会立即记到电脑里。到现在我还很怀念那10年的生活。那时候，我会在一段时间里拼命工作，感觉累了，就会让自己休息一下。在破解了SHA-1的那天，我跟朋友去外面吃了一顿饭，心里有些兴奋，因为自己是第一个知道这个世界级秘密的人。”

在破解一系列国际密码算法的10年中，王小云生了一个女儿，还养了一阳台的花。她说：“我的科研就是抱孩子抱出来、做家务做出来、养花养出来的。”

当谈起女儿时，王小云表现出了母亲特有的关爱，和对女儿的丝丝歉意。“女儿从小就对文学艺术有浓厚的兴趣，喜欢写诗、画画。小时候也曾给她报过画画班，但后来由于工作太忙，就停止了这方面的培养。但后来她这种艺术特长还是逐渐显露出来，现在从事珠宝设计专业，也十分符合她自己的兴趣爱好。”

◎ 2004年王小云与自家阳台上的花留影

十年一剑，终成大家

今天全世界的金融、证券、计算机网络等系统中身份认证与登录系统，消息来源的合法性认证、众多的可证明安全密码系统以及目前备受关注的比特币、区块链等新兴密码应用技术，“HASH函数”都在其中发生关键作用。

20 世纪 90 年代以来，两个密码算法 MD5 和 SHA-1 就是世界范围内最为广泛通用，并与计算机网络广泛配备的两种 HASH 函数。MD5 是由图灵奖得主麻省理工大学教授 Ronald L. Rivest 于 1991 年设计的；SHA-1 背后更是有美国国家安全局的背景，是美国 NIST 推出的 HASH 函数标准。

任意一个数据（消息），经过特定的 HASH 函数算法计算后，会生成一个由 0 和 1 组成的“比特串”(如 SHA-1 是 160 位)，这个比特串就是消息独一无二的“数字指纹”，可以作为人们在虚拟世界里进行电子签名时不可或缺的唯一标签使用。如果两个不同消息的数字指纹相同，其签名一定相同，两个消息就被称为一个碰撞对，因此 HASH 函数必须要抵抗碰撞攻击。

王小云的工作就是要证明我们广泛使用的 HASH 函数找到碰撞是容易的。原始数据的任何改变，都会使电子签名随之变化。

◎王小云（左3）在指导研究生学习

王小云解释说："如果登录口令只是简单的几位数字，普通计算机在很短的时间就可通过穷举而轻易破解。而电子签名与以密码技术为支撑的口令的安全性，则取决于其背后复杂的签名算法和HASH函数所基于的数学难题破解的难度。"

多年来，MD5和SHA-1被国际上公认是最安全、最先进、应用范围最广泛的两大HASH函数算法。"一开始，我也觉得很难，破不了，但是后来从数学的角度来思考，慢慢地发现了很多规律，影响其安全性。这个过程是一点点积累，一步一步解决的。

"雪崩特性是衡量HASH函数安全的一个基本标准，如果HASH函数是安全的，雪崩是非常强的，找不到任何规律。这就像雪山顶上有一个东西，突然雪崩了，你根本找不到它的踪影。"

经过不断地分析与探索，王小云发现多数HASH函数虽然产生有很强的雪崩，但雪崩速度并不快，就产生了控制雪崩的想法。于是，她开始找数学规律，试图找到一些有效的方程控制方法。在不断的摸索和反复的验证中，最后她幸运地找到了大家公认的模差分方法，最终使攻击方法变得非常有效。

1997年春季，王小云兴奋得彻夜未眠地连续演算了两天两夜。她用"比特分析"方法，终于成功破解了SHA-0（SHA-1的基础）。演算完，她美美地睡了一觉。她知道，破解其他一些如RIPEMD等重要算法只是时间问题了。该方法对于MD5和SHA-1的安全性评估也极为重要。

“比特分析法”是模差分方法的灵魂。HASH 函数使用比特运算与模加运算的混合运算，即使使用计算机也很难精确推导出 HASH 函数的比特表达式。在破解 MD5 和 SHA-1 的过程中，两个不同明文即使在某一步仅有一个比特不同，几步以后，都会引起“雪崩”，导致两个明文输出结果差异很大，很难发生碰撞。

王小云把引起雪崩难以控制的比特称为“坏比特”。她的“比特分析法”的基本思想就是，对于每一个通过分析被确定的“坏比特”，通过方程控制产生一个“杀手比特”将“坏比特”消灭掉。

◎ 2017年王小云在清华大学高等研究院建院20周年上签名留影

将“坏比特”消灭掉后，“杀手比特”又回归回原始比特。这种方法不仅有效控制了雪崩的扩散，而且可以根据需要调整雪崩的走向。HASH 函数的碰撞就是控制并修改两个不同的明文，控制二者的雪崩并最后产生零雪崩。王小云证明了 MD5 在 311 个方程控制下，两个明文一定产生碰撞，而找到这两个明文在一个 PC 机上仅用几天的时间。从而导致不同数据最终仍能产生相同的数字指纹，进而达到伪造“电子签名”的目的，其攻击效率大大超过了此前密码学家的设想。

◎ 2017年王小云参加中国致公党第十五次全国代表大会留影

王小云破解密码的方法与众不同，电脑对她来说只是自己破解密码的辅助手段。更多的时候，她是用手推导，通过建立数学分析模型，手工设计破解途径。

看过电影《U–571》的人一定记得，美军为了获得德国潜艇使用的密码，不惜用一艘潜艇伪装成德国潜艇，去盗取一艘受伤潜艇上的解码机和密码本。

王小云说："当年英国为了破解德军使用的 Enigma 密码，动用了一批数学家，其中就包括图灵。现在计算机界的最高荣誉'图灵奖'就是以他的名字命名的。前两年放映的反映图灵破解 Enigma 的电影《模仿游戏》，就触动了我的内心深处，我的家人陪我一起观看。他发明的密码破解机炸弹超前于计算机的研制，而他的遭遇更让我流下了伤感的泪水。"

王小云说，一般而言，国际重要密码标准设计工程推出新的密码需要 3~5 年的时间，而其安全性分析与评估却要经历很长时间。王小云是从 1995 年开始破解 MD5 和 SHA-1，到她 2005 年成功破解 SHA-1 经过了近 10 年的历程。同行评价她：从不急功近利。王小云正是凭借对科研工作的执着，才最终完成了震惊世界的成就。密码学就是在这种不断的创立和破解中发展的。

实现中国"密码梦"

王小云一方面继续现有的研究，另一方面，则致力于培养出更多的"可以和世界顶尖密码学家对话的学生"。

在王小云看来，如何创建密码分析的新理论和新方法，在敌手发动攻击之前成功破解已被广泛应用的国际密码标准，是国际密码学家共同面临的责任与挑战。

“密码理论与技术是网络安全的核心，网络安全离不开密码，以密码技术为基础支撑。密码学家的使命就是为保护网络与信息安全提供安全高效的密码算法。”因此，“密码学家的主要职责：一方面是设计出安全高效的算法；另一方面是分析正在使用的密码算法的安全性，一旦发现漏洞，立即设计新的能够抵制最新攻击的密码算法。”她说：“密码学的发展正是这样编破对抗、循环往复、不断发展的。”

2005 年起，为了应对 SHA-1 的攻击，NIST 就开始探讨向全球密码学者征集新的 HASH 函数算法标准的可行性，并于 2007 年启动了新 HASH 函数 SHA-3 五年设计工程。如果设计的算法被采

◎ 2017年王小云在中国科学院院士颁证仪式上留影

纳为国际标准，那将是密码学家的最高殊荣。国际密码学界都将目光投向了王小云，然而，她却毅然放弃了这次难得的机会，全力带领国内专家为我国设计了第一个 HASH 函数算法标准 SM3。

SM3 自 2010 年公布以来，经过国内外密码专家的评估，其安全性得到高度认可。该算法获国家发明专利 1 项，并被纳入我国 30 多个行业规范中。目前 SM3 不仅是我国密码算法标准，也于 2018 年 10 月与 SHA-2、SHA-3 等国际 HASH 函数算法一起被正式宣布为国际 ISO 密码算法标准。经国家密码管理局审批的含 SM3 的密码产品达千余款，涵盖了我国金融、电力、社保、教育、交通、电子政务等重要经济领域。受 SM3 保护的智能电网用户 6 亿多，含 SM3 的 USBKey 出货量过 10 亿张。目前 SM3 已在高速公路联网 ETC 中广泛使用，并且在全国教育信息系统、居民健康卡、社保卡、工业控制系统等领域广泛推广使用。该算法还支持国际可信计算组织（TCG）发布的可信平台模块库规范（TPM2.0）。

近年来，王小云将她多年积累的密码分析理论的优秀成果深入应用到密码系统的设计中，先后设计了多个密码算法与系统，为国家密码重大需求解决了实际问题，为保护国家重要领域和重大信息系统安全发挥了极大作用。其中，王小云设计的两个加密算法，用于国家重大航天工程，她为保障航天安全通信做出了重要贡献。她说：“习近平总书记指出‘没有网络安全就没有国家安全’。随着量子技术的发展，一些经典的密码算法会因未来量子计算机的出现而受到攻击。中国应在筑牢密码理论应用技术方面有自己独到的技术与应对策略。”

王小云带领团队在国内率先启动了可以抵制量子计算机攻击的格密码算法研究。“格密码研究是一个新的研究方向，至 2018 年已有近 20 年的研究，近年来得到广泛关注，就因为它是一类抗量子计算攻击的公钥密码体制。”该类算法的研究需要深厚的数学理论基础和高超的算法分析技术，但王小云带领团队已取得了重要的研究进展。

“研究密码是我喜欢的工作。”“一个人的研究时间太有限，也就几十年。培养出更多优秀的学生，才可以不断地延续下去，

◎ 王小云说研究密码是她喜欢的工作

使中国密码研究更长久地走在世界前列。”如今，王小云仍然工作在第一线，每天到办公室跟学生讨论问题已成为她的一个习惯。以后的路还有很长，但她并不感觉孤单，对她而言，密码研究是兴趣与社会责任的完美结合，亦是她生活的重要组成部分。

（注：本文由《中华儿女》杂志中王小云报道稿改编）

吴一弦：高分子材料科学与工程领域的追梦人

简介

吴一弦（1967.2 —）北京化工大学材料科学与工程学院大分子工程系主任，教授，申请/授权国内外发明专利120余项。获国家技术发明二等奖1项及省部级科技奖励9项，获中国青年科技奖、中国青年女科学家奖等。

合成橡胶、合成树脂和合成纤维，并称为三大合成高分子材料。其中，合成橡胶也是一类国际公认的战略物资，其极为常见的用途之一，便是用于制造汽车、工程机械和飞机使用的轮胎。中国作为世界上最大的轮胎制造国，需要更高品质的合成橡胶材料，方能让产品更具竞争力。

潜心科研结硕果

合成树脂、合成橡胶及合成纤维是三大合成材料，是高分子材料领域的重要品种，与国家支柱产业、人民日常生活密切相关。其中，合成橡胶也是国际公认的战略物资之一，在国民经济、国家支柱产业及国防事业中有着不可替代的作用，大约70%的合成橡胶用于制造轮胎。轮胎是由很多不同的半部件经专门的成型机制成胎坯再经硫化而制备的，不同部位如胎面、钢丝圈垫胶（三角胶）、气密内衬层等对橡胶材料性能要求各不相同。我国是合成橡胶及轮胎的第一大生产国，但还不是合成橡胶及轮胎的工业强国。

丁基橡胶是合成橡胶中的重要品种之一，具有优异的气密性、耐水性、化学稳定性及抗曲挠性，主要用于制造轮胎内胎或气密层及医用胶塞。飞机或汽车离不开轮胎，轮胎中又需要充气和保气，对安全、节油、减排及环保都非常重要。然而，丁基橡胶的合成技术难度相当大，只能通过阳离子聚合方法来合成，其

◎ 吴一弦（前排右2）参加学术交流合影

关键的核心技术一直被国外垄断，并对我国实行严格的技术封锁，这一封锁就是近半个世纪，这期间我国只能从美国、德国等国家进口丁基橡胶产品，以满足国内相关行业发展的需要。

在国家有关部门及石化行业的倡导下，自20世纪70年代起，我国研究人员开始开展阳离子聚合及丁基橡胶合成工艺方面的研究。1989年，年轻的吴一弦以巾帼之躯毅然投身于异丁烯阳离子聚合及丁基橡胶合成的基础研究，以国家重大需求为导向，怀着对科学事业的高度责任心和使命感，潜心科研，她和她的研究团队坚持奋斗在这一研究领域，坚守在教学、科研第一线，经过十多年的研究、探索和积累，形成了一系列具有自主知识产权的创新技术。同时，在产业界，自20世纪80年代也开始考虑引进丁基橡胶生产技术，但国外相关公司不予理会。

在这种境况下，中国石油化工股份有限公司通过部分引进及国内自主技术开发相结合，经过了多年艰苦历程，终于建成了3万吨/年丁基橡胶工业生产装置，并进一步采用吴一弦和她的研究团队所开发的异丁烯可控阳离子聚合的理论、方法和工艺技术，解决了丁基橡胶生产中的关键技术难题。

自2002年起，不仅可以在3万吨 / 年工业装置上顺利地生产丁基橡胶，而且大幅度提高了丁基橡胶生产效率与产量，有效地调节了丁基橡胶的微观结构参数，产品质量达到国际同类产品水平，从而打破了国外技术垄断，结束了我国丁基橡胶全部依赖进口的历史，也使我国成为少数掌握了丁基橡胶关键合成技术的国家之一。

◎ 吴一弦正在指导年轻人做实验

吴一弦以此为新起点，面对绿色轮胎需要高性能合成橡胶材料合成的新挑战。自1992年法国米其林公司绿色轮胎成功问世以来，绿色轮胎迅速发展，已成为国际上高性能轮胎的发展方向。

绿色轮胎是指节能、环保、安全的轮胎，具有低滚动阻力、低燃油消耗、出色的操纵稳定性、更短的制动距离和更好的耐磨性。若全世界车辆都用绿色轮胎，每年可节省200亿升燃油，减少5000万吨二氧化碳排放，对节约资源与环境保护意义重大。

为实施绿色轮胎战略，减少碳排放和环境污染，一些国家相继出台了各种政策法规来促进绿色轮胎的发展，其中以轮胎标签法规和《关于化学品注册、评估、许可与限制制度》（REACH法规）为主要代表。欧盟标签法从2012年11月起强制执行，在欧盟销售的轿车轮胎、轻卡车轮胎、卡车轮胎及公共汽车轮胎必须加贴标签，标示轮胎的滚动阻力（燃油效率）、湿滑路面抓着力和滚动噪声的等级，目标是到2020年欧洲能源消耗减少20%。

2014年3月1日，中国橡胶工业协会发布的《绿色轮胎技术规范》开始试行，这是我国首部绿色轮胎行业自律标准。2016年9月15日，中国橡胶工业协会发布的《轮胎分级标准》及《轮胎标签管理规定》开始实施。作为绿色轮胎胎面材料，需要具有低滚动阻力、高耐磨和高抗湿滑性能，对橡胶原材料的结构与性能、增强填料的结构与性能、橡胶与填料的复合加工技术等提出更高的要求。

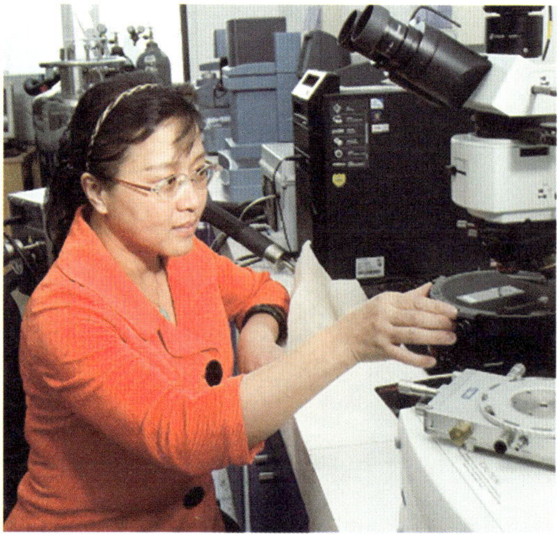
◎ 吴一弦正在开展高分子材料分析表征实验

目前，绿色轮胎胎面胶使用的合成橡胶材料主要有溶聚丁苯橡胶和稀土顺丁橡胶，这两种关键材料需要我国自主研发和生产。

为此，吴一弦又带领研究团队继续坚持基础研究、技术开发与工业应用的科研道路，开展稀土催化剂及共轭二烯烃配位聚合研究，经过近10多年的研究积累，开发了高活性高定向性的稀土催化剂及其制备技术、丁二烯可控配位聚合新方法与新工艺，形成了一系列自主知识产权技术，这些研究成果也于2012年10月在中国石油化工股份有限公司实现3万吨／年高性能稀土顺丁橡胶的工业应用，为绿色轮胎发展提供了高性能合成橡胶原材料。

2017年9月，吴一弦带领研究团队在6万吨/年顺丁橡胶新催化剂工业试验中取得创新成果，所生产的顺丁橡胶产品具有优异的耐屈挠龟裂性能及抗裂口增长性能，有利于提高轮胎的高速性能、耐久性和安全性，这是坚持在产学研用协同创新模式下的又一重要成果，推进了科技进步和产业发展。

◎吴一弦生活照

2018年5月，吴一弦教授主持完成的“新一代稀土顺丁橡胶高效聚合成套技术”项目在北京通过了由中国石油化工股份有限公司科技部主持的科研成果鉴定，所开发的新一代稀土顺丁橡胶高效聚合成套技术及其工业化应用取得的突出成果得到了充分肯定和高度评价，项目整体技术具有国际领先水平。

在吴一弦眼里，分子似珠，化学键似链，通过研究分子形状和分子结构的改变，探发出更加优异性能的人工合成橡胶材料，显得格外生动有趣。

鉴于吴一弦多年来所取得的突出成绩，2000年她被北京化工大学破格提升为教授，成为学校当时最年轻的女教授，2004年

◎ 吴一弦与外国专家学术交流

入选教育部优秀人才工程，2009年成为教育部长江学者特聘教授。2006年，被全国妇联、国家知识产权局、中国发明家协会授予“第三届全国新世纪巾帼发明家新秀奖”；2011年被中央组织部、人力资源和社会保障部与中国科学技术协会授予“第十二届中国青年科技奖”；2012年获中华全国妇女联合会、中国科学技术协会、中国联合国教科文组织全国委员会及欧莱雅（中国）“第九届中国青年女科学家奖”；2013年被中华人民共和国人力资源和社会保障部等选入“国家百千万人才工程”，并被授予“有突出贡献中青年专家”荣誉称号；2015年获中国化学会高分子科学邀请报告荣誉奖，在全国高分子年会上做大会邀请报告；2018年获“第十届侯德榜化工科学技术奖成就奖”。此外，还获得首都科技领军人才、北京市“三八”红旗奖章、北京市高校优

◎ 吴一弦（左3）荣获2018年度第十届侯德榜化工科学技术奖成就奖

秀共产党员等荣誉称号。

面对成绩，吴一弦显得尤为淡然，她表示：“国家高度重视科研工作，投入了大量资金引进科研人才，改善科研条件，我们没有理由不去把工作做好。”

教书育人桃李芳

◎ 吴一弦等编著的《控制阳离子聚合及其应用》

尽管吴一弦已经承担了繁重的科研工作，但她却始终坚持教书育人，为本科生、硕士生和博士生在讲堂上讲课，为大学新生讲第一堂课，为本科生主讲《聚合物制备工程》课程，为学科交叉班本科学生主讲《可控聚合与大分子工程》课程，为研究生主讲《阳离子聚合》课程等。

在课堂上，吴一弦结合自己丰富的科研和实践经验，结合科学研究前沿，深入浅出，把复杂的理论知识形象化，将相关科学研究前沿与自身科研体会带到课堂，将自己的毕生所学教给学生，让学生感受着化工科学、材料科学的独特魅力。

在培养研究生上，吴一弦更重视培养学生的创新性和独立研究能力，既给了学生们充分的创新空间，也确保了研究生的课题研究尽量少走弯路。吴一弦的研究生中不乏优秀毕业论文、优秀毕业生、创新创业大赛的获奖者。她指导的博士生在国际期刊上发表的论文，两次荣获优秀论文提名奖。截至2018年，吴一弦已为国家培养研究生百余名，他们正在各自的工作岗位上为祖国建功立业。

◎ 吴一弦（左1）2015年获中国化学会高分子科学邀请报告荣誉奖留影

“聚合之家”爱无边

“一个人的成功往往是与良好的团队协作密不可分的，在科研中更是如此。”作为科技带头人，吴一弦十分注重科研团队的队伍建设，“科研事业是集体的事业，就像木桶效应那样，不能有短板。”来自全国各地的莘莘学子，不仅在研究室里体会到可控聚合及先进高分子材料制备研究的乐趣，更感受到家的温暖，学生们亲切地称研究室为“聚合之家”。

吴一弦十分关心青年教师的成长和发展。除了在专业领域的无私帮助外，她还主动关心青年教师在生活上的想法和要求，帮助他们解决困难。她自发为教师和研究生购买团体意外险，使团队成员体会到组织的关心和温暖，打造了一支素质优良、朝气蓬勃、战斗力强的党员队伍和学科梯队。在吴一弦的带领下，团队先后承担包括国家“973”基础研究课题、国家“863”高新技术开发项目、国家自然科学基金项目等50余项重大课题，从基础研究、技术创新到产业应用，将研究成果转化为生产力，解决关键

◎ 2015年吴一弦参加全国高分子年会大会做报告

技术难题，申请/授权国内外发明专利120余项，发表论文130余篇，获国家技术发明二等奖1项及省部级科技奖励9项。

吴一弦已为国家培养研究生百余名，他们正在各自的工作岗位上为祖国建功立业。为了帮助在校贫困学生专心完成学业，并鼓励学业和科研优异的学生，在吴一弦的倡导下，研究室先后设立了“学术创新”“团队合作”“文献汇报”“岗位标兵”“科研记录”等多项奖学金。每年，吴一弦都会从自己的工资中出资加入材料学院设立的“教授奖学金”中，她还拿出自己获“中国青年女科学家奖”的10万元奖金，设立本科生“萌芽之星”奖学金及研究生“萌芽之星小导师”奖学金。此外，从2002年开始，吴一弦借鉴她在比利时的留学经历，按月份为研究室成员过集体生日，大家其乐融融。

吴一弦在高分子科学与工程的教学、科研道路上一路风雨兼程，攻坚克难，伴随时间流逝的，是那颗对知识和科学技术执着追求的心。她热爱科研工作，热爱教书育人，觉得有机会能够在自己喜欢的领域里做事，很幸运，一定要做好。她认为，做科学研究充满兴趣与挑战，而研究的乐趣就在于探究未知的过程。在这个过程中，每天都有着或大或小的奇迹！吴一弦是高分子科学与工程领域里一名永远的追梦人！

陈化兰：迎战禽流感病毒

简　介

陈化兰（1969.3—）动物传染病及预防兽医学专家。现任全国妇联副主席（兼职），九三学社中央委员，国家暨世界动物卫生组织（OIE）禽流感参考实验室主任。我国第一位OIE专家。2016年获得世界杰出女科学家成就奖，2017年当选中国科学院院士，2019年当选世界科学院院士。

高致病性禽流感属于一类传染病，家禽一旦感染将100%死亡，具有毁灭性的后果，并在历史上发生过流感大流行，引起大量人员死亡，严重威胁公共卫生安全。因此，研发新型高效疫苗，是阻击禽流感蔓延的重中之重。

禽流感近年来常见于新闻，多次在家禽中爆发，并引起令人恐慌的公共卫生安全事件。该疫病的病原禽流感病毒宿主广泛，变异频繁，被称作“当今人类面临的十分严重的健康威胁之一。”

禽流感病毒因具有很强的变异能力，因此在疫病防控上具有一定的难度；禽肉蛋又是全球需求量极大的食品，大量的非集约化的家禽饲养、活禽调运、市场囤积导致病毒传播广而快。2013年春，当中国发现人感染H7N9病毒病例且病例数迅速增多时，人们非常恐慌，担心它会像2003年的SARS疫情一样将传染很多人。幸运的是，我国依靠科技，将一场呼之欲出的人类流感大瘟疫扼杀在萌芽状态。中国病毒学家陈化兰领导的国家禽流感参考实验室居功至伟。

失之东隅，收之桑榆

1987年，陈化兰参加了高考，发榜后她接到了甘肃农业大学的通知书。当年，国家的高考录取率不算高，为了确保被大学录取，考生常常在填志愿时“专业”选择服从分配（调剂），以确保能够升学。

当年，陈化兰在拿到大学录取通知书后，看到自己的专业被调剂到了“兽医”，学制还长达5年时，心里有点儿犹豫，想是否要再复读一年，来年再考，将来选个更中意的专业？一位老师告诉她，甘肃农业大学的兽医专业很知名，有多个硕士点和博士点。于是，怀着将来“读研考博”的打算，陈化兰服从了调剂，走进了甘肃农业大学兽医系。

◎陈化兰（左）硕士毕业时与导师留影

她没想到，当年的这一场意外调剂，为她日后打开了一片全新的学术天地。

1994年6月陈化兰在甘肃农业大学完成硕士学业后，收到了中国农业科学院研究生院的录取通知书，进入预防兽医学专业攻读博士。在哈尔滨兽医研究所于康震研究员的指导下，开始进行禽流感的新型疫苗研究，走入了对抗禽流感这个兽医行业至关重要的领域。陈化兰1997年获得博士学位后留所工作，并于1999年前往美国疾病控制中心（CDC）进行博士后研究。

美国疾病控制中心的流感研究中心，是世界卫生组织（WHO）的流感合作中心，拥有世界一流的实验设施和科技人才，对流感病毒的感染与变异机制已经积累了丰富的科学研究经验。陈化兰在这里学习的3年间，她珍惜每一天的学习机会，不仅掌握了系统的专业知识和领先的科学技术，也对自己未来科学研究的定位有了深度思考。她认为，中国是一个禽类养殖大国，如果缺乏科学防御禽流感的手段，可能遭受非常惨重的经济损失。

当时大多数在国外的年轻人都想留在美国发展，与他们不同，陈化兰毅然选择学成回国。她深知自己所学，正是中国相关领域的急需。当时，中国在生命科学实验条件上与国外比较还存在不小的差距，而她所从事的禽流感研究，对平台设施有较高的要求。陈化兰的美国导师认为，中国当时的科研条件可能不足以支持她的潜力发挥。她则认为，科研条件落后可以慢慢建，能用自己所学的知识和技术去报效祖国，才是最重要的。

陈化兰说回国前一段时间她总是失眠。“每天晚上脑子里一遍遍地设想回国后实验室怎么建设？学科怎么布局？什么样的工作该由什么样的人执行？”她回忆说，自己当时对禽流感研究满脑子的主意，非常渴望拥有自己的团队，想马上将这些想法付之于行动。

◎ 陈化兰博士毕业时留影

2002年8月，陈化兰回到中国农业科学院哈尔滨兽医研究所，她在自己的博士导师于康震和研究所领导的大力支持下，如愿以偿地组建了自己的实验室。她带领的实验室不久后被农业部指定为“国家禽流感参考实验室”，专门负责中国高致病性禽流感疫情的诊断工作。

中国在新世纪后，家禽养殖业蓬勃发展，被大家认为是一种养殖致富手段，国内有很多农村专业合作组织，一些农业企业等，都在兴建大规模的家禽养殖场，用工业化的手段来饲养禽类。

但是，国内家禽饲养规模多样、饲养密度高、生物安全意识薄弱，存在疫病大范围流行的安全隐患。一旦爆发禽流感，因病毒可在家禽和野生鸟类之间传播，还可能发生变异后传播给哺乳动物类的家畜，甚至人身上。因此，一旦养殖场里的家禽被发现感染禽流感后，所有家禽常因安全考虑遭到全部扑杀。这也是世界各国的通行做法，会使饲养者遭受惨重的经济损失。

陈化兰认为，这种仅采用扑杀的做法虽然有助于遏制禽流感，但成本太高，方法过于残忍。她希望自己团队能研制出高效的疫苗，通过给家禽接种疫苗来预防禽流感，进而改变各国在禽流感防控上扑杀禽类的“传统方式”。

小疫苗，迎战新病毒

高致病性禽流感属于一类传染病，家禽一旦感染将100%死亡，具有毁灭性的后果，并在历史上发生过流感大流行，引起大量人员死亡，严重威胁公共卫生安全。因此，研发新型高效疫苗，是阻击禽流感蔓延的重中之重。

2004年，陈化兰回国后的第三年，东南亚爆发禽流感疫情，并传入中国境内。中国随之蒙受了巨额损失，全国共有16个省市及自治区出现疫情，900万只鸡被扑杀，直接经济损失达100亿元。2005年，随着候鸟迁飞传播病毒，亚洲和中国部分地区多次发生疫情。

流感病毒分为很多种类，可以通过病毒颗粒外膜的两种表面糖蛋白来区分。这两种蛋白分别是血凝素（HA）和神经氨酸酶（NA），它们各有18种和11种亚型，排列组合就形成了不同的流感病毒。按照这样的分类方式，2004年传入中国的禽流感，属于H5N1亚型，是可以感染人类的禽流感病毒之一。

陈化兰和团队临危受命，迎战H5N1禽流感。每天，实验室接收各地送检的发病家禽样品进行确诊。短时间内，49起H5N1高致病性禽流感被确诊，为及时有效控制疫情起到了关键作用。同时，陈化兰带队在国际上首次研制成功禽流感病毒反向遗传操作疫苗，新型H5N1禽流感灭活疫苗。正是凭借该疫苗，中国打赢了当时对H5N1禽流感的阻击战。这种被实践证明非常有效的疫苗，后来还大量出口到其他国家，有效地遏制了当地的禽流感疫情。人们第一次有了迎战禽流感，不必大量扑杀家禽的防御武器。

在禽流感疫苗研究领域，陈化兰团队的研究水平一直走在国际前列，但流感病毒也在不断演化与变异，已有的疫苗不一定能应对新的疫情。因此，陈化兰团队唯有不断地跟踪、不懈地努力，方能第一时间发现病毒变异，继而为研制疫苗争取宝贵的时间。

2013年3月，中国出现了人感染H7N9流感病毒的病例。H7N9病毒是一种新的禽流感病毒，具有很强的感染人的能力。随着病毒的快速传播，中国国内发生了不小的恐慌；新的疫情也引起了国际社会的高度关注。陈化兰的实验室作为“国家禽流感参考实验室”，是农业农村部唯一授权对禽流感病毒进行最终病毒分离鉴定的机构。身为实验室的负责人，她再次临危受命，带领团队迅速展开了针对H7N9流感病毒来源的调查。

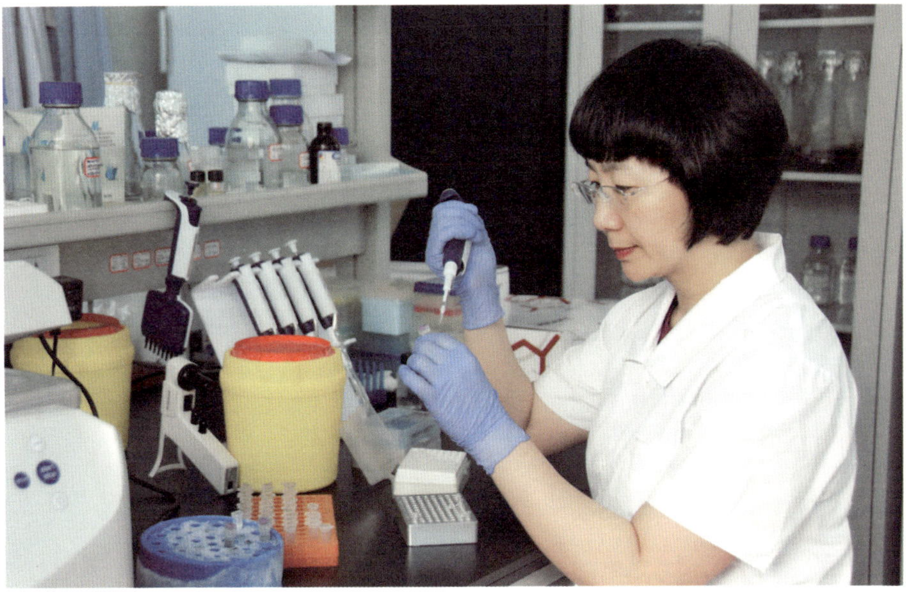

◎ 陈化兰在实验室化验

当时，在人感染病例公布后不到48小时，陈化兰团队成员就已从上海活禽市场采集的样品中分离出类似病毒，连夜将分析数据提交到农业部，并建议立刻关闭感染地区的家禽市场。陈化兰研究团队的快速反应，使感染病例新增态势迅速得到有效遏制。

但是禽流感的威胁并未被彻底消除。事实上，自2013年3月起，H7N9流感病毒共引起5波人的疫情，总共导致1567人感染，

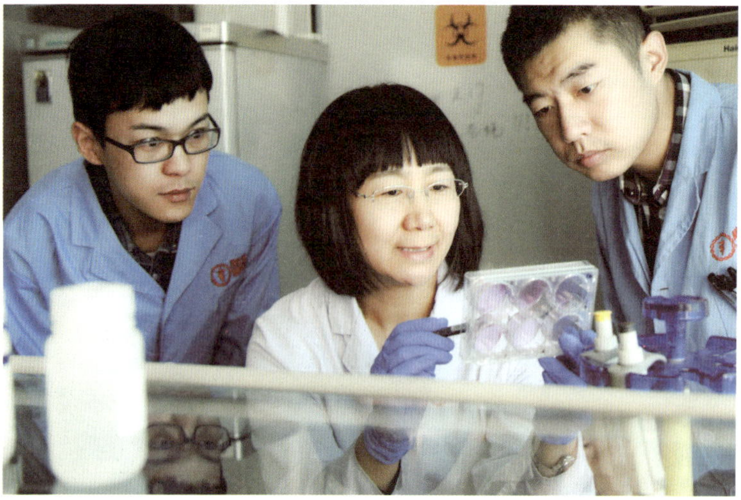

◎ 陈化兰（中）和学生在实验室分析结果

其中600多人丧生。每年10月至次年3月，则是人感染H7N9流感病毒的高发时段。为彻底的控制H7N9病毒，陈化兰领导的科研团队付出了艰辛的努力。

陈化兰介绍说：“在活禽感染H7N9病毒后，它们并不会发病；但是，如果病毒被传染给人并且发生变异，患者就会发病甚至死亡。事实上，无论在禽鸟，还是人体内的H7N9病毒，都拥有结合人呼吸道上皮细胞受体的能力，这是它感染人的生物学基础。感染活禽的病毒，对鸡、鸭等禽鸟，甚至小鼠都没有致病力，但病毒在感染人体后，会快速发生关键的基因突变，对哺乳动物的致病力显著增强。有一些病毒还能通过飞沫传播，使其具有极大的人传人的风险。”陈化兰团队关于H7N9病毒的系统研究成果，在《科学》等重要期刊发表了一系列的重要论文，成为防控H7N9型禽流感的重要科学依据，也被评为中国2013年十大科技进展之一；陈化兰本人被《自然》杂志评为2013年“全球十大科学人物”。

陈化兰的团队每年要进行两次大规模的禽流感病毒监测。2013年3月至2018年1月，她的团队在全国养殖场和活禽市场采集家禽喉头和泄殖腔样品达17.7万多份。每份样品都要接种鸡胚进行病毒分离，并在第一时间对分离的病毒进行系统的分析及研究，为我国采取禽流感防控措施提供科学依据。

2017年1月，陈化兰团队在监测中发现，H7N9禽流感病毒发生了关键基因突变，这种突变使原本对鸡没有致病力的H7N9病毒成为对鸡的高致死性病毒。更令人担心的是，这种高致病性H7N9病毒在人体内复制后会获得新的突变，从而对人的致死率进一步提高，在人群中水平传播的风险进一步加大。

H7N9高致病性突变株出现后短短数月，由南向北传播在10多个省引起家禽禽流感爆发，导致几百万只蛋鸡被毁。新一波疫情再次受到了全球的关注。2017年1月到9月，陈化兰团队与病毒的“赛跑”也直接进入冲刺阶段。他们在全国范围加大家禽样品采集和病原监测力度，加快病毒分析研究速度，加快创制高效疫苗的进程。在2017年秋冬病毒流行季到来之前，成功推出了重组禽流感病毒（H5＋H7）二价灭活疫苗。

2017年9月，经农业部批准，全国各地开始为家禽接种这款疫苗，它在禽流感防控中居功至伟，这款新疫苗不仅让家禽免受病毒之害，也有效降低了人感染禽流感病毒的风险。2018年监测数据显示，疫苗在投入使用后，取得了非常好的免疫保护效果，有效阻断了H7N9病毒在家禽中的流行，不但为家禽产业挽回数百亿元的经济损失，更在阻断人感染H7N9流感病毒方面取得了“立竿见影”的效果，与2016年10月至2017年9月之间766人感染H7N9病毒相比，2017年10月以来，全国仅有3人感染该病毒。这也表明，

◎ 2016年陈化兰出席世界杰出女科学家奖颁奖典礼接受凤凰卫视采访照

家禽H7N9疫苗免疫成功打破了前几年每到10月人感染H7N9禽流感进入高发时段的“魔咒”。

遏制禽流感，“一直在路上”

除了“疫情诊断、疫苗研究”之外，陈化兰还带领团队加强了中国禽流感流行病学主动监测，并开展了系统的病毒基础生物学研究。她的实验室还建立了关于禽流感病毒和流行病学信息的庞大数据库，以便对禽流感疫情预警预报、诊断试剂及疫苗研制与使用等提供科学依据。

禽流感病毒不仅能感染家禽，也能感染候鸟。因此，跨国迁徙的候鸟，也是这种病毒传播的一大渠道，是值得关注的潜在危险。候鸟的飞行区域很广，出境入境也不需要“护照”和“签证”。若它们身上携带了病毒，就会在落地觅食休憩时，将病毒传播给与之接触的家禽。与其等到疫情爆发时再被动出击，不如在候鸟迁徙季来临前进行主动监测。

陈化兰说，尽管H7N9得到有效控制，但H7N9病毒尚没有从自然界中被完全根除，所以千万不能掉以轻心。她说：“我的团队还会奔赴各地采集家禽样品，及时进行禽流感监测。”

陈化兰带领的实验室已成为禽流感病毒研究和防控方面国

◎陈化兰（左8）和同学们合影

际上首屈一指的研究团队，被世界动物卫生组织（OIE）指定为“禽流感参考实验室”，被联合国粮农组织（FAO）遴选为“动物流感参考中心”。他们在《科学》等杂志发表了130多篇高水平禽流感研究论文，陈化兰也成为全球高被引科学家。但她非常冷静地说：“发表文章不是我做研究的终极目标，疾病控制才是我们最重要的工作。如果禽流感得不到有效控制，即使有这些国际顶尖刊物发表的文章，我也丝毫不会有成就感。”

陈化兰团队建立了多个国际领先水平的禽流感疫苗研发平台。因此，一旦发现新的病毒变种，实验室只需两星期就能对疫苗种毒进行“更新”，确保疫情防控“实时在线”。截至2018年，相关疫苗在国内外累计应用超过2300亿羽份，在禽流感防控中发挥了极其重要的作用。“小小的一剂疫苗‘四两拨千斤’，不仅让家禽免受病毒之害，也有效降低了人感染禽流感病毒的概率。”陈化兰说。这也使得世界多国近年来逐渐改变了“仅采用扑杀方法防控禽流感”的做法。

○ 家国情怀也是陈化兰身上科学家精神的闪光点

如今，和当年的自己一样，陈化兰有不少学生正在国外留学。她常对学生说，能多到国外走一走，学习新东西是非常好的事。但我希望你们在自己有能力时，一定要回来，要能为自己的国家做贡献。这种家国情怀，也是她这位中国女科学家身上的科学家精神的闪光点。如今，令陈化兰倍感欣慰的是，她甘为人梯努力培养的一批年轻骨干学成归国后，多已成为国内各大学及科研院所的生力军。

韩喜球：探寻海底宝藏的“科研玫瑰”

简 介

韩喜球（1969.1—）自然资源部第二海洋研究所海底科学实验室副主任，研究员，兼任浙江大学海洋学院副院长。从事海底资源与成矿系统研究20余年，多次带队奔赴深海大洋科考，是中国大洋科考史上第一位女首席科学家。

在中国的大洋科考活动中有这样一位女科学家，她带领团队执行了多个中国大洋科考航次，在国际海底区域发现了12处多金属硫化物矿床（点），圈定了50多处海底多金属硫化物矿床远景区，还为新勘测发现的16个大洋海底地理实体命名。她不仅是大洋一号首位女首席科学家，更是中国整个大洋科考史上第一位女首席专家，在从事海洋地质研究的20多年里，她保持着科学家的严谨和女性的坚韧，用乐观积极的态度攻克一个又一个的科研难题。她，就是“科研玫瑰”韩喜球。

从农村孩子到地质学博士

韩喜球出生在浙江台州市，1986 年考入成都地质学院地质学专业，1990 年作为校优秀毕业生被免试推荐攻读硕士学位，1993 年研究生毕业后进入国家海洋局第二海洋研究所从事深海沉积与大洋多金属结核研究，从此与深海结缘。“我是浙江人，海洋二所离家近，所以就来了。”韩喜球笑着说。

而对于刚开始工作时的情景，韩喜球用“白手起家”来形容。“那时一个月的工资才 243 元，但未觉有何不妥，安心工作，心态平和，乐在其中。”回忆起那段日子，她始终微笑着，像是在讲述别人的故事。

参加工作后，韩喜球埋头学术，潜心研究深海多金属结核。1998 年她考上了浙江大学地球科学系在职攻读博士学位，2001 年毕业，博士论文获得全国百篇优秀博士论文提名奖。

○ 2018年10月韩喜球在日本北海道野外考察

2001年德国基尔海洋科学研究所所长休斯教授到海洋二所访问，韩喜球关于多金属结核的研究给休斯留下了深刻印象。当年年底，她接到休斯的邀请奔赴德国做特邀学术报告，这次访问直接促成了她于2002~2005年在德国基尔大学做访问学者和博士后研究。这期间，她开始海底冷泉系统与天然气水合物资源的研究。

连年出海，无数次与海洋“博弈”

◎ 2018年4月韩喜球在南海大洋一号担任潜龙三号海试航次领队

“我很喜欢我的工作。别人觉得出海枯燥，但我总感叹海上时光太匆匆，真希望多做一些调查。”从2002年起，韩喜球就成为大洋的常客。“每次出海科考，少则一个月，多则三个月。这可不比陆地科考或实验室科研，后者遇到困难还可以随时咨询旁人、缺少物资可以随

◎ 2013年4月，南海，潜龙三号总设计师刘健与韩喜球（右）正在讨论

时购买补充。但在茫茫大海上，一切困难都要靠自己去克服。”韩喜球说，“看似神秘刺激的大洋科考背后，却有着道不尽的艰辛。不过，付出都是值得的。每次科学新发现，都能让我体验到生命的激情与喜悦。”

2005 年，她以首席科学家助理的身份，登上大洋一号科考船，成了我国首次横跨三大洋环球科考的主力，先后沿着东太平洋海隆和西南印度洋脊调查海底热液活动并寻找海底黑烟囱。

所谓“黑烟囱”，就是海底高温热液喷口堆积的富金属硫化物。1977 年，美国阿尔文号深潜器在 2500 米深的海底探测时，首次发现了海底热泉和热泉周围由大量的管虫、螃蟹、贻贝等组成的奇特而丰富的生物群。1979 年，科学家乘坐阿尔文号深潜器在东太平洋海隆首次观察到正冒着滚滚“浓烟”的海底“黑烟囱”。

2017 年大洋 38 航次第一航段，蛟龙号载人深潜器在她团队新发现的印度洋活动热液区开展试验性应用科考航次。作为首席科学家，韩喜球执行了该航次的首次科学下潜，下潜的水深为 3120 米，该潜次由实习潜航员首次担任主驾驶。“这是需要一定勇气的，好在我们顺利完成了下潜任务，平安回到了海面”。“我们早上六点钟就开始做准备工作，七点钟开始下潜。一个半小时后到达海底，顺利找到了 2 处已经“熄灭”的硫化

◎ 2008年全国妇联主席陈至立为第五届“中国青年女科学家奖”获得者韩喜球（右）颁奖

物烟囱体，然后就开始忙碌地观察、记录、拍照和取样，一刻不停地一直工作了六个小时才抛载上浮。在上浮时间才有点儿空闲吃点干粮喝点水。”“我只是闷头爬山，不知不觉就看到了更美的风景。”这是韩喜球心中的成功秘诀，看似轻描淡写，实则是她连年出海，执着攻坚的结果，是无数次与海洋异常辛劳“博弈”后的成就，是她为了挚爱的事业作出辛劳奉献的成果。

“在科考过程中会碰到很多困难，比如遭遇恶劣海况、仪器损坏，还有各种各样的人员因素、安全因素，但是面对困难如果轻易放弃的话，很可能就什么都得不到。我觉得哪怕前方困难重重，也一定要想尽各种办法解决问题，这样才能成功。”在韩喜球看来，做科研就要不畏艰难、善于坚持。

她先后 5 次参加国外科研机构组织的科考航次，9 次参与组织领导中国大洋航次，航迹已遍及全球三大洋、墨西哥湾、中美洲大陆边缘和我国南海。频繁的国际合作和交流使她具备较开阔的国际视野、良好的国际沟通能力和较高的学术水平。她把握住了海底多金属结核、富钴结壳资源、热液硫化物资源和天然气水合物资源这些国际海洋科研的前沿热点，成为国内外少数的同时涉足研究这 4 种海底资源并取得突出成果的专家。

有付出就有收获。2007 年，中国大洋 19 航次第二航段在西南印度洋中脊成功发现了龙旂热液区，实现了中国人在该领

○ 2010年韩喜球出席全国劳动模范和先进工作者表彰大会

域“零”的突破，并填补了国际上在超慢速扩张洋中脊发现海底“黑烟囱”的空白。当时韩喜球作为首席科学家助理，她领航第三航段战狂风、斗恶浪，横渡印度洋，沿洋中脊发现了4个新的热液异常区；2010年，她领航大洋第21航次第七航段，在西南印度洋中脊发现了一个大型多金属硫化物矿化区，她把此处命名为“玉皇山”，从此这座以杭州名山命名的海底硫化物矿床载入了国际洋中脊调查发现的史册。最近几年，她带领的团队接连在西北印度洋先后发现了“大糟”“卧蚕”“天休”等热液区，结束了国际上数十年在该海域探矿无果的局面。

这些成就，足以令韩喜球跻身当代优秀科学家之列。她也先后荣获中国青年女科学家奖、全国先进工作者、全国“三八红旗手”、全国优秀科技工作者、海内外有影响力的“中国妇女”时代人物等光荣称号……提起这些，韩喜球说：“我并没有期待过这些荣誉，我只是一直踏踏实实地做好本职工作。”

首先我是科学家，其次才是女性

全球海洋面积占地球总面积的71%，海底由于被巨大的水体覆盖，大部分并未被人类认知。“实际上深海探矿好比海底捞针，比如寻找海底多金属硫化物资源，我们先通过探测热液异常发现海底热液活动的蛛丝马迹，再顺藤摸瓜找到热液喷口进行细致观察和调查取样。”韩喜球介绍起自己的工作，滔滔不绝。目前，在国际海底区域探和矿区申请方面，中国已处在世界的前列。

每次出海，考察队员们不但要克服恶劣海况对身体带来的不适，还要日夜进行科学调查，对于一名女性来说，在如此艰苦的工作环境中工作并有所斩获着实令人钦佩。然而韩喜球并没有觉得自己有什么特殊，“这是我的工作，做科学研究没有男女的差别，大家都是拿成果说话。”

不过韩喜球坦言，大洋科考的确主要是“男人的战场”。

她举了一个例子："比如一次出海有70多人参与，可能仅有2位女性，极少有超过7位的时候。"她笑盈盈地解释道："但是我从没有因为我是女性而感到有任何不便，科考船就相当于我在海上的办公室和实验室，所以在船上我颇有主人翁精神。而男士们也因为有女性的存在而更注意自己的形象，工作上更加积极主动，气氛更加和谐。"

在她眼里，只要工作需要，随时准备起航。而在同事、朋友的眼里，韩喜球比汉子还"汉子"。"她曾经带我做试验，20个小时没休息，我都快扛不住了，她的精力依旧旺盛。""她不是女汉子，她比汉子都'强悍'。"韩喜球的同事王叶剑副研究员如是评价。

○ 2017年中国大洋38航次，韩喜球与项目组年轻人在向阳红9号科考船上（从左至右：刘吉强、邱中炎、王叶剑、余星）

作为首席科学家，没人与其轮班，只要船上的发动机不停转，韩喜球的工作就不分昼夜。"我们都觉得她很累，但她从来不说自己

◎ 2008年韩喜球代表历届“中国青年女科学家奖”获得者宣读“女性投身科研”十项倡议

累，因为她是真的热爱这份事业，所以全情投入。”王叶剑说。

不仅如此，韩喜球的“强悍”还体现在百折不挠的性格上，这令船上的人都刮目相看。

“出海调查过程中，仪器装备出现故障是常有的事。有一次在关键海域需要立刻用到几台重要探测设备，可不巧的是设备开始‘罢工’，维修起来很困难。换成其他人，可能会想大不了不做，早早放弃了。但韩老师一边在船上组织技术骨干进行维修、排除故障，一边多次与设备生产商进行邮件沟通，最终在最短的时间内抢修成功，确保了海上调查顺畅地开展。”蒋紫靖曾是韩喜球的硕士研究生，她对这件事记忆深刻。

王叶剑说，载人深潜调查是一项系统工程，不同单位不同专业不同职责的专家出发点有所不同，技术保障人员着重考虑潜器安全，科学家重点关注每次下潜能否实现科学目标。“在一次下潜准备会议中，现场指挥部就如何在某个关键但复杂的作业区进行安全下潜作业问题进行了激烈的探讨，这是我参加过的气氛最特别的一次会议。”会上，韩喜球轻声细语、不慌不忙地从不同角度阐述了如何安全地完成下潜任务，实现下潜目标。为了能够说服各方专家，她在航渡期间日夜研究论证了两个星期。最终，通过精心设计下潜路径，在深潜器技术团队的强力保障之下，这个潜次顺利下潜到活动热液区，成功完成了观测和采样，获得了圆满成功，韩喜球长舒一口气，露出了灿烂的笑容。

也因此，韩喜球在工作上给自己下了这样的定位：首先是科学家，其次才是女性。“女性与男性相比，天性上可能有差别，但是从科学研究来讲，人家给你的标准是一样的，并不会因为你是女性而降低要求，因为你是男性，就给你更高的要求。我们发表论文，上面并没有女性标注。要想在科学上取得成绩，不能因为自己是女性就降低要求。”她如是说。

年轻人，有梦想是好事

除了出海科考之外，韩喜球也是浙江大学等多个高校的博士生导师。每次执行航次任务时，她都争取带上学生。“带学生出海，让学生在实践中学习、锻炼和提高，这是一种非常好的培养方式。”韩喜球笑着说。

在船上，韩喜球喜欢组织“大讲堂”。她说，大洋科考航次一般具有多任务、多学科、综合性的特点，海洋地质、地球物理、地球化学、海洋生物等不同学科领域的专家和技术专家能够聚集一起，是难得的交流机会。

在学生的眼中，韩喜球是一位“家长”。她的课题组里既有年轻的科学家，也有博士生、硕士生、留学生，是由十几个人组成的大家庭。繁忙的工作之余，只要一看到对年轻人做科

◎ 韩喜球在北大未名湖畔留影

研有用的信息，她都会第一时间转到团队微信群里。“韩老师有时会邀请我们到她家里做客，她丈夫会做一桌子好菜，韩老师也会调鸡尾酒给大家品尝，同门相聚在一起，非常亲密。”王叶剑说，除了学术上的请教，生活上有困难，大家都愿意跟韩老师倾诉。对此，韩喜球满脸温柔地说道：“就像天鹅妈妈带着一队天鹅宝宝前行。我只有做得更好，才能潜移默化地带着学生们往前走。大洋科考事业需要传承，要让年轻人逐步走向舞台中央，我愿意在背后托举他们。”同时，她也告诫所有的年轻人，要有梦想。“有梦想是好事，有了梦想才会有奔头，才会朝着它前进。”

○ 韩喜球（左3）的第一位非洲博士生Edward顺利毕业，他来自尼日利亚

除了是一位女科学家，一位好老师，韩喜球还是一位好妻子、好母亲。“社会也好、家庭也好，人与人之间都是相互的，所以我能够做一个好妻子、好母亲，要感谢我有一个好丈夫使我能够成为一个好妻子。”谈及如何平衡家庭与工作，她坦率地说，是坚实的家庭支撑她，让她没有太多的后顾之忧，能够全身心投入到自己热爱的事业中去。

“脚踏实地，一步一步往前走。”这位亲切、开朗、知性的女科学家，将继续带领着她的大洋科考团队，开启深海探矿之旅，在广阔的大洋中拥抱深海科考带来的惊喜。

梁建英：打造中国高铁“金名片”

简 介

梁建英（1972.4 —）中车青岛四方机车车辆股份有限公司副总经理兼总工程师，高速列车系统集成国家工程实验室主任，高速动车组技术专家，教授级高工，轨道交通电气设备技术专业委员会委员，国际轨道车辆工业设计创新联盟第一届理事长等。

她说：“火车，在我心里，是最有情怀的交通工具。远方与家、离别与重逢、背影与旅途，这些最温情的词汇都与火车紧密相连。我从小生活在铁路边，大学读的是上海铁道学院，毕业分配到新中国第一台蒸汽机车的诞生地，也就是今天的中车青岛四方机车车辆股份有限公司工作至今，我与火车一直有着深厚的渊源。”

2007 年，在中国铁路第六次大提速中投入使用的和谐号动车组，宣告中国进入了高速铁路的时代。10年之后，由中国自主研发的复兴号动车组，在京沪高铁率先实现以350千米时速运营，中国由此成为世界上高铁商业运营速度最高的国家。

在这辉煌的跨越背后，离不开许许多多工程技术人员付出的智慧与汗水。中国高铁装备行业唯一的女性总工程师梁建英，便是其中的领军人物。作为中车青岛四方机车车辆股份有限公司的副总经理和总工程师，她一直奔跑在中国高铁研发的最前沿，带领团队使中国高铁的技术实力居于世界前列。

○ 梁建英团队与动车组合影

立定志向投身高铁

○ 梁建英在上海铁道学院求学时留影

1995 年，梁建英从上海铁道学院（现在已经并入同济大学）毕业，分配到位于青岛的四方机车车辆厂。这家企业，是中车青岛四方机车车辆股份有限公司的前身，青岛本地人亲切地叫它“四方机厂”。在她刚刚入职的时候，厂里的主要产品是内燃机车和普速铁路客车。

当时的中国，绝大多数铁路客车的时速不到 100 千米，“出行难、出行慢”是铁路给人们的感受，梁建英也对此记忆犹新。她知道，作为一名铁路列车的设计师，如何让铁路实现从低速到高速、从落后到现代的跨越，是肩上的责任，更是心中的梦想。虽然刚刚毕业进入列车设计行业的她，那时还有些懵懂，但她坚信中国铁路一定会有大发展。她说：“面对各种人生职业发展路径，我最不动摇的一点，就是要把事情做到最好；我有意识地参与各种产品的设计，丰富自己的专业知识储备。正因如此，在高速动车组项目开始时，我才有机会成为高铁的设计师。”

2000 年在斯里兰卡的一段经历，更是坚定了梁建英的这份梦想。中车青岛四方机车车辆股份有限公司向斯里兰卡出口了第一批内燃动车组，这是当年中国铁路装备出口海外最大的一笔订单。作为电气系统的负责人，她需要亲自到斯里兰卡的科伦坡去交车。她说：“我站在科伦坡的天桥上往下一看，下面铁路上停放的全是我们国家的火车，当时真是涌起一股强烈的民族自豪感。”直到今天，这种自豪感仍然伴随着梁建英。她心中“要做中国轨道交通行业领跑者”的志向，便在这一刻埋下了种子。

事实上，早在 20 世纪 90 年代，中国就已经在极为艰苦的条

○ 梁建英正在认真细致地检查列车零部件

◎ 梁建英与同事正在实地考察，讨论技术问题

件下，开始了高速铁路的早期研究。进入 21 世纪之后，由于铁路运力已经影响了国家的经济发展，而且给人民群众生活带来诸多不便，2004 年，中国出台了国家《中长期铁路网规划》，提出建设以“四纵四横”为骨干的高速铁路网。这是中国铁路具有划时代意义的一年，它标志着中国拉开了向高铁时代冲刺的序幕。作为中国轨道交通装备制造的骨干企业，中车青岛四方机车车辆股份有限公司也开启了高速列车研发制造的新征程。

梁建英有幸成了一名动车组设计师。但在激动和兴奋之余，她也马上感受到了实实在在的压力。高铁使用的高速动车组，是“高精尖”技术的集合。表面上看，它只是比普通的铁路客车速度快，但在这高速度的背后，是一道道需要跨越的高难度技术门槛。一列高速动车组，零部件就有 50 多万个，需要设计的图纸也数以万计，通过各类实验产生需要分析的数据达数百兆。可以说，高速动车组的研发，是一个庞大的系统工程，技术含量之高、难度之大可想而知。

“要让自己成为巨人”

鉴于高速动车组“跨越式发展”的难度，国家《中长期铁路网规划》确立了“引进先进技术，联合设计生产，打造中国品牌”的基本方针，也就是先引进国外的高速动车组技术，经过消化吸收之后，再由国内的技术人员进行自主创新。

在引进高速动车组的过程中，梁建英深刻地感受到，产品是可以买的，但技术创新的能力是买不来的。她回忆说：“在引进技术的过程中，我们的合作方会告诉我们如何去做；但是如果我们问起为什么要这样做，或者这个操作背后的

◎ 梁建英像对待自己孩子一样抚摸动车组模型

原理是什么，外方便会守口如瓶。这让我明白，‘巨人的肩膀’不好站，我们必须让自己成为‘巨人’才行！”

既然掌握高铁技术的国家不希望增加一个竞争对手，那么在高铁领域，中国的技术人员就只能“自力更生”。2006年，中车青岛四方机车车辆股份有限公司启动时速300~350千米动车组的自主研发，梁建英担任这个车型的主任设计师，从此开始了亲手设计高速动车组的生涯。为了吃透动车组技术，梁建英和研发团队从一个个关键零部件开始研究，“摸着石头过河”，将一个个设计思路，变成一张张方案可行的图纸。在将近3年的1000多个日子里，“早八晚九”、没有节假日是生活的常态。有时候，

○ 梁建英与同事正在实地勘查动车组控制回路接线箱的问题

常常为论证一个方案、分析一个试验结果而通宵达旦。

终于，在成功攻克了动力学、系统集成、车体、转向架等技术难关后，2007 年年底，国内第一列时速 350 千米动车组成功下线。这也使得中国成为继日本、德国、法国等发达国家之后，少数几个掌握时速 350 千米动车组技术的国家之一。

梁建英回忆说，在担任高速动车组主任设计师之后，她每次晚上下班回家，年幼的女儿已经睡下；等到早上赶往设计室时，女儿还没起床。“记得有一天，我突然接到女儿的电话，我心里很酸楚，本想安慰一下孩子。但我却无法告诉她，妈妈的工作正在最紧要的时候，不能回家陪她。2008 年 8 月，由我设计的这些动车组在京津高速铁路上投入使用，服务于北京奥运会。一天晚上，当女儿用稚嫩的童音指着电视上飞驰而过的动车组，高喊

◎ 梁建英与团队为了让中国高速列车享誉世界，废寝忘食地进行试验

‘妈妈快看，你的车！’那一刻，我的内心涌起的是自豪感、成就感，也有对女儿、家庭的愧疚。尽管如此，我仍无悔！”

蝶变，从“追赶”到“领跑”

梁建英曾经在一次报告会上，将搞科研生动地比喻为“跳高”。努力跳过一个高度之后，又会有一个新的高度在等着挑战。2008年6月，中车青岛四方机车车辆股份有限公司启动研制设计时速380千米的CRH380A。这是全世界最快的高速动车组，于中国而言有着抢占领域制高点的意义。担任新车型主任设计师的梁建英，进入了一个全世界尚无先例的新领域。

○ 中车青岛四方机车车辆股份有限公司研制的CRH380A高速动车组

另一方面，不同于世界上其他所有兴建了高速铁路的国家，中国拥有世界第一的人口数量和世界第三的国土面积，这意味着高速动车组需要承载巨大的客流，而且跨越非常广阔的距离，经受各种复杂地貌与气象条件的考验。因此，为了让高速铁路网通达更多的省份，并且在一年四季都保持运行，高速动车组需要在研发阶段，就对各种可能的情况有所考虑。

在研制 CRH380A 型动车组的时候，为了突破高速条件下的关键技术，研发团队进行了整整两年时间的攻关。在梁建英的带领下，整个团队总共进行了 450 多项仿真计算、1050 多项地面试验、2800 多项线路试验。可以说，在高速铁路领域，这是业内规模最大、历时最久的试验研究。

丰富而严谨的试验体系，意味着整个研发团队超乎想象的工

○ 梁建英与团队在高速动车组车内做试验

作强度。无论是北国的数九寒天，还是南方的酷暑闷热，研发团队在梁建英的带领下进行高强度的试验。在一次线路试验中，列车停在野外，路轨的两侧没有站台，路面距离车门有 1.5 米高。为了下车检查车辆的状态，梁建英直接就跳下了车。但由于连日的劳累，就在她躬下身体检查车轮时，她的腰突然无法动弹了，完成工作后只得艰难地从车下爬出来，在同事的帮助下方才回到车上。她说："但我不能就此躺下，必须要看到试验结果。所以，我忍着疼痛坚持到第二天凌晨试验结果出炉。之后，我虽然只能僵硬地躺在床上，但也要用电话与试验人员沟通，提出试验改进方案。"

随着列车速度的提高，空气阻力会急剧增加，从而造成大量的电能消耗。为了尽可能减少这一部分阻力，CRH380A 的头型

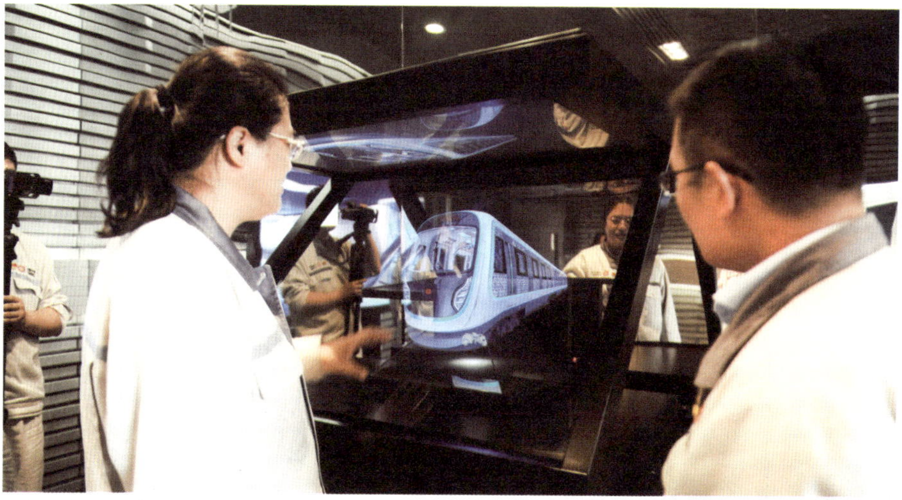

○ 梁建英与团队兢兢业业工作的场景

◎ 梁建英与团队在动车组前合影

经过了远比低速度等级动车组更为细致的优化。对多达数十个模型的计算、测试与排除，最终确定了量产型所用的造型。而为了得到这个结果，研发团队仅仅是气动性能的数据的草稿，如果用A4纸打印出来，就可以堆上好几米高！

辛苦的工作最终获得了回报。2010年，CRH380A动车组成功问世；更振奋人心的是，这一年的12月3日，它在京沪高铁上进行高速试验时，跑出了486.1千米的时速。虽然这比不上法国高铁TGV创造的轮轨列车速度世界纪录，但这是试验列车，而CRH380A的这项纪录，是拟投入商业运营的动车组在轨道上创造的，因而显得更为珍贵。它标志着中国高速动车组的速度、安全可靠、经济性能等多项技术指标，都已经居于行业前列。中国高铁开始了从“追赶”到“领跑”的蝶变。

◎ 中英轨道交通技术联合研发中心成立仪式上，梁建英与英国帝国理工学院两位皇家工程院院士为中心揭牌

中国高铁技术实力的进步，也为中国赢得了技术合作谈判中的话语权。2014年，中德轨道交通技术联合研发中心开始筹建。梁建英在谈判中一步步让对方意识到，这是一次强强联合，不再是一方依赖另一方的合作。中车青岛四方机车车辆股份有限公司对所有的轨道交通产品都非常熟悉，而德方擅长非金属材料的应用，两国在合作中只有各展所长，才能实现共赢。

挑战高铁技术极限

随着中国高速铁路网络的延展，高速动车组的运营环境离开了气候温和的平原地带，开始需要长期面对极端温度和风沙等恶劣环境的考验，研制适应特殊运营环境的列车势在必行。在原有高速动车组技术平台的基础上，中车青岛四方机车车辆股份有限公司研制了能够同时抵御高寒和风沙环境的 CRH2G 型动车组，以服务于行经戈壁而且多风沙的兰新高铁。

为了测试这种动车组的性能极限，梁建英带领研发团队来到甘肃的“百里风区”，进行动车组穿越风沙环境的实验。为了抓住凌晨刮大风的时间，设计人员每天从下午 4 点跟车，一直试验到第二天凌晨 4 点，而且要一边采集数据，一边现场分析列车在这种情况下该停车还是该提速。有一天，他们等到了高达 12 级的强风。为了验证列车在这样的特殊环境下是否会出现倾斜，梁

○ 中车青岛四方机车车辆股份有限公司研制的CRH2G型耐高寒抗风沙高速动车组

◎ 梁建英做客央视《开讲啦》，讲述“中国速度”是怎样炼成的

建英不停地在整列车厢里来回走动，体验乘坐的舒适度。她不时地提醒已经完成任务的同事赶紧休息，自己却一直走动到次日凌晨 3 点。整整两个月，团队跟车跑了 3 万千米，几乎没睡过一个整觉，最终得到了动车组在风沙天气里的全部数据。

而后，为了测试动车组的耐高寒性能，梁建英又带领研发团队来到内蒙古伊图里河，选择严冬时节 –38℃的高寒天气进行试验。在那样的低温下，电缆会被冻得像铁棍，人在一望无际的冰雪中走路不能抬脚，只能“哧溜”滑行。但就是在这样的环境里，研发团队最终打造出了能够同时抵御两种恶劣环境的全新车型。

进入“高铁时代”仅仅 10 年之后，高铁之花几乎开遍了中国大地。如今，中国高速铁路网总长度已超过 2.5 万千米，占全球高铁总里程的 60% 多，被欧洲高铁强国称赞为“高铁革命”。

◎ 中国高铁发展让世界瞩目，梁建英赴瑞士PROSE公司交流

◎ 中国高铁发展让世界瞩目，梁建英赴美国与美国交通技术研究中心（TTCI）交流

中国的高铁研发人员付出了艰苦的努力，使“血统”不同的和谐号能够在同一条线路上行驶。但因为技术差异，不同系列的和谐号可能拥有不同的座席排布，彼此间也不一定能重联运行（将两个动车组连接在一起成为一列火车）。在中国特有的“春运”等客流高峰期，以及某一列动车组发生故障的情况下，和谐号的这些“血统”问题就会成为运力调配的瓶颈。依照统一的新标准研制新一代高速动车组势在必行。

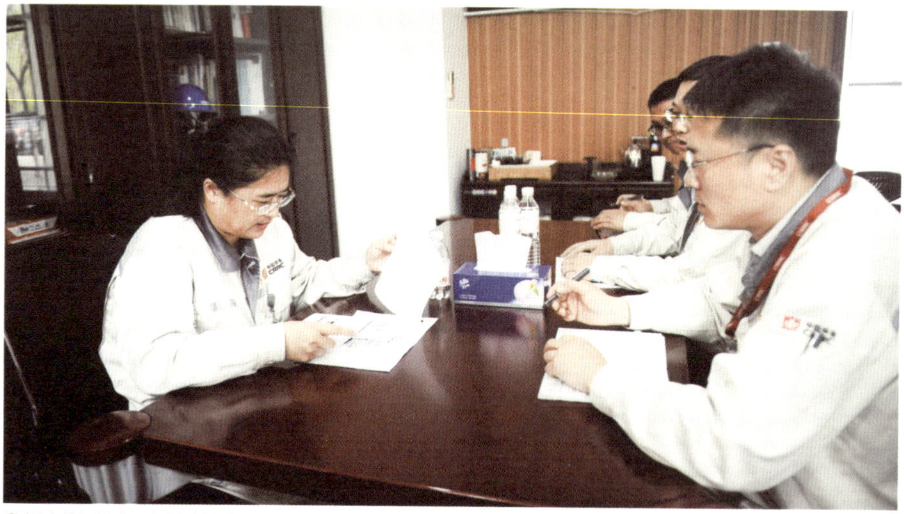

◎ 梁建英与团队一起讨论技术问题

由中国自主研发的新动车组被命名为复兴号。从样车制造出来，到最终定型，研发团队总共做了 5200 多项地面试验，2300 多项线路试验。一年半的时间里，梁建英和她的团队跟车试验，行程超过 61 万千米，相当于绕着地球赤道跑了 15 圈。

这是因为，复兴号不仅要保证可靠性，在舒适度方面也要比

◎ 中车青岛四方机车车辆股份有限公司研制的复兴号动车组在京沪高铁运行

和谐号更上一层楼。梁建英说：“和谐号 CRH380A 动车组的车厢内噪声已经很低，比国外动车组都要低。我们研发复兴号时，最初定的目标是要降低 3 分贝以上。别看小小的 3 分贝，哪怕降低 1 分贝，也是非常困难的。为了实现这个目标，我们的团队在实验室进行了长达 1 年多的试验，针对不同材料和结构的隔音试验就做了 3000 多次。”在青岛海边的棘洪滩，占地面积方圆七八千米的中车青岛四方机车车辆股份有限公司的研发中心，到了晚上常常是不熄灯的。最后，研发团队成功降低噪声 4~6 分贝，使复兴号以时速 350 千米飞驰时，车厢里面的噪声最小只有 65 分贝，这个指标让中国超越了自己，也超越了世界。

舒适的乘坐体验不仅需要安静，还需要平稳。通过中央电视台的节目，我们看到了复兴号令人惊叹的平稳：一元硬币可以竖

◎ 复兴号动车组正在实验室做滚动试验

在列车窗台上，站立 8 分钟不倒；精通平衡术的人士可以在全速运行的列车上，使用一根根棕榈叶搭建起复杂而脆弱的平衡系统，而它可以在列车开过长江大桥期间保持不倒。

这些魔术般的奇迹背后，是梁建英和研发团队对复兴号转向架的精益求精。“转向架”指的是车厢下面包括车轮的那一部分，高铁要跑得平稳，关键就是要找到转向架上悬挂部件的最优悬挂参数。她说：“研发复兴号时，我们设计了几十种参数组合方案，反复优选。那个过程，有强烈自虐的味道，但是非得如此不可。”她笑称，对高速动车组平稳性能的追求，是因为自己容易晕车，所以格外希望能给乘坐高铁旅行的人更加舒适的体验。按照对高速动车组性能的评价标准，乘坐舒适性指标小于 2.5 即为优级，而复兴号的指标在 2 以下，可以说格外舒适。

◎ 中车青岛四方机车车辆股份有限公司研制的复兴号“飞龙”一等座区域

◎ 中车青岛四方机车车辆股份有限公司研制的复兴号高速动车组

如今，越来越多的复兴号已经在中国高铁主要干线上投入运营，而梁建英的团队，又在向一个新的领域发起冲刺，那就是时速 600 千米的高速磁浮列车，并且要让工程样车在 2020 年下线。在追求更快的旅行速度方面，她和中国高铁研发者们的创新没有止境，奋斗也没有止境。

姜妍：在乙烯压缩机路上追梦的“工业女神”

简　介

姜妍（1973.9—）沈阳鼓风机集团股份有限公司透平设计院设计副总工程师，教授级高级工程师。多年来，先后获得“常温装配超低温运行离心压缩机”等8项国家专利，特别是继主导设计出国内第一台45万吨/年乙烯压缩机后，成功设计出我国首台百万吨乙烯压缩机。

说起姜妍，给人的第一印象都是言语温柔、神态沉静。她是我国第一台乙烯压缩机设计者，打破了国外长期技术垄断；她创造了我国第一台百万吨级乙烯压缩机，攀上了世界同行业设计技术的最高峰；她只是一名普通的设计室带头人，却带领团队承担了国内最大压缩机制造企业60%的设计任务……凭着自己的一股不服输的劲儿，在重大装备国产化的历史征程中，刻苦钻研，锐意创新，业绩卓著。

拒绝诱惑，全身心投入工作

1973 年出生的姜妍，一眼看上去就是一个柔弱的女性，平静的脸上常常带着笑意。眼前的她和长达几十米的钢铁巨龙怎么也挨不上，可她真的就是我国百万吨乙烯压缩机设计的第一人。

她的人生总是充满对未来的憧憬与祈盼。在上大学时，她听到一些先进技术被国外掌握、中国时时受制于人的时候，心中无比惆怅和失落。于是，在她青春的心灵中，逐渐孕育生成了产业报国、技术强国的梦想。她暗下决心，要做一名优秀的工程技术人员，研发出让国人扬眉吐气的先进技术。她发奋学习，努力掌

◎ 姜妍（中）和组员们一起讨论技术问题

握专业技术知识，以优异成绩完成了学业。姜妍的这种人生梦想，后来竟成了她不懈创新进取的力量之源。

1997 年大学毕业后，姜妍怀着满腔热情，选择了曾经为中国创造过无数个“第一”的沈阳鼓风机集团股份有限公司（以下简称“沈鼓集团”），一干就是二十年。这家企业的前身是一家 1934 年日据东北时期创立的企业，主要制造矿山、建筑机械以及军需钢制产品。1952 年，国家用 170 万元、相当于今天百亿元资金的力量对企业进行了改造。各类压缩机是它享誉全国的“拳头产品”。“我从沈阳化工学院毕业进厂时，国企改革正在冲击着这家数年来效益持续下滑的企业。虽然沈鼓集团是涉及国家安全的重点企业，没有大规模改制，但经营困难还是让一些工人离岗了，许多在岗人员也领着勉强维持生活的工资。”姜妍向我们回忆说，当时每月工资 380 元还算能按时发放。对于她这样的年轻工程师来说，外面的世界充满了诱惑，但对于一个家在外地留在沈阳工作的大学

○ 姜妍在车间检查机器工作情况

○姜妍在办公室留影

生来说，除了兴趣的因素外，打心眼里还是很在意这份工作的。

因为大学所学专业是化工机械，所以刚进入沈鼓集团时，姜妍从事的工作是压力容器设计。刚一开始工作，她那股钻劲儿，就显得与众不同。别人感到眼花缭乱的换热计算、设备参数、介质物理特性等事，在她眼里，都不是事儿。她很快就成了师傅的“小跟班”，为了尽快掌握各个设计环节，她认真观察，认真学习，就连休息时间，她也全心钻研工作上的内容，思考各种公式、参数、心得体会，在一本本的笔记本上，记录着自己工作中的经验和心得。

说起沈鼓集团，姜妍眼里泛着光，心里满是感激。“我当时是和男友一起进入沈鼓集团的。沈鼓集团不仅给了我工作，也给了我幸福生活，说句玩笑话，我和我爱人大学毕业时是‘三无人员’，无房无车无存款，干到现在我们是‘三有人员’，有房有车有存款。这家企业对我来说真的不再是雇用和被雇用的关系了。”姜妍认为，现在自己跟沈鼓集团更像是一种血缘关系，沈鼓集团就像自己的家，同事就像亲人一样。“所以我会一直在这儿干下去。”她笑着说。

披荆斩棘，百万吨级乙烯压缩机问世

乙烯，2 个碳原子、4 个氢原子组成的化合物，世界产量最大的化学品，组成了 70% 以上的石化产品，其产量被视为衡量一个国家石油化工发展水平的重要标志之一。

◎ 姜妍（中）在车间和同事研究问题

乙烯压缩机，堪称乙烯工业的“心脏”，百万吨乙烯压缩机更代表石化装备最高水平。长期以来，大型乙烯压缩机的设计制造技术被少数几个国家垄断。

○ 姜妍在车间查看产品

2006年，国家决定在天津、镇海、抚顺建设三个百万吨乙烯项目。在国家和用户的充分信任下，沈鼓集团承担了为这三个项目研制百万吨乙烯压缩机组的任务。作为国内石化装备制造业的排头兵，沈鼓集团曾先后完成了华锦乙烯、上海石化等一大批大型乙烯项目的压缩机研制工作，然而百万吨乙烯压缩机的研发却一直没有突破。尤其是这三个百万吨乙烯项目，每个投资都在200多亿元，一旦失败，将是天大的损失。

此刻，承受着沉重压力的集团领导脑海里浮现出了一个名字——姜妍。这个自信而内敛、有能力却不张扬的女工程师，曾主导设计出我国第一台45万吨乙烯压缩机，一举打破了国外几十年的技术垄断。担纲百万吨级乙烯压缩机的设计非她莫属。

○ 姜妍参加中国共产党第十九次全国代表大会讨论发言

○ 姜妍参加中国妇女第十二次全国代表大会留影

接到研发任务那年，姜妍只有 33 岁。年纪轻轻，不擅言谈，也非名牌大学毕业，面对国人努力几十年都难以攻克的“坚冰”，她毅然接过任务、挑起“担子”。姜妍和她的同事们夜以继日，穿梭于国内各大炼化厂之间，一遍又一遍爬上数十米高的进口乙烯装置工作台，观察外观结构和运行情况；一趟又一趟走访国内各大科研院所，拜访、求教、研讨；苦读一本又一本厚厚的外文原版资料……设计失败、修改设计，再失败、再修改。经过不懈攻关，姜妍和她的团队重新设计了压缩机的结构并成功投入使用。

2011 年 2 月 22 日 18 时，在沈鼓集团总装车间，国内首台百万吨级乙烯压缩机试车成功，我国据此成为世界上能够自主设计研制百万吨级乙烯压缩机的第四个国家。

从 45 万吨级、80 万吨级、100 万吨级到 120 万吨级，彻底终结了我国乙烯压缩机长期依赖进口的被动局面，直接为国家节省进口设备资金 50 亿元。发达国家在乙烯压缩机研制领域走了 100 年的历程，而在“姜妍们”的努力拼搏下，我国只用了 10 年时间。

工匠精神就是：朴实、踏实、诚实

一个人的优秀不算真正的优秀，整个团队的优异才能迎来满园春色。姜妍在2010年担任沈鼓集团透平压缩机设计三室的室主任时，她带领的这支团队，非常年轻。她说，“我们的38名

◎ 姜妍团队的女同事们

员工，平均年龄不到30岁，毕业不足3年的占了56%。但是你可别小看了他们，他们个个都厉害着呢，都是设计院里最骨干的力量。”

姜妍走马上任后最关心的问题，就是如何让这个年轻团队的整体力量能发挥到最大。她说，“只有形成具有超强战斗力的团队，企业才能从优秀走向卓越。”在姜妍眼里，让青年人尽快成长，是迫在眉睫事情。她也始终以最质朴的以人为本的理念，关爱着团队中的每一位青年人，希望通过关爱来育人和用人。对于刚入厂的大学生，她试着走近他们他们的圈子，关心他们所思所想，希望能够了解他们工作中真正的需求，并给每个人制订了详细的培养计划。

姜妍说，“其实，年轻人都渴望成才，只是常常有些迷茫。

○ 姜妍的年轻团队是一支具有超强战斗力的团队

这个时候，你在旁边能推一把，能让他们对自己今后的成长目标及学习方向有更清晰的认知，就是帮了他们。”在姜妍看来，每个人都有自己的专长。所以，平时在工作中，她会有意识地让经验丰富的工程师带着新员工跟班学习，让新员工能掌握制图、观摩设计、参与设计等工作，进而全方位提升每个人的技能。

○ 姜妍参加全国道德模范颁奖留影

“姜姐是女强人。”在得知自己将成为姜妍的徒弟时，韩帅暗自窃喜。

“姜姐是项目绝对的保障！”对于徒弟韩帅来说，客户点名让姜妍主导设计，让作为徒弟的他也倍感骄傲。

但就是这位在工作上雷厉风行的“女汉子”，生活中对待同事却细腻温柔。韩帅说，“冬天，要是谁家电暖气坏了，姜姐都会将自己家的电暖气借给他们。”

姜妍坦言，其实自己并不只是“姜妍”，而是沈鼓集团 7300

○ 姜妍参加党的第十九次全国代表大会留影

位在岗位上默默奉献的员工代表。她认为，工匠精神更多的是对企业的忠诚和对职业的执着度。她说，记得我们领导讲过："十年前，在参观日本某企业时看见有一位工匠在磨焊缝，十年后这位老工匠依然坚守在岗位，干着同样的工作。"

"一定要踏实！"这是姜妍认为作为工匠最重要的特质，这也是姜妍所在的透平设计院设计三室年轻人对这位劳模主任的评价："朴实、踏实、诚实"。

在姜妍的细心培育和带领下，这个年轻的团队不断成长，成了一个能攻关、能创新的优秀团队。仅 2012 年，他们就完成了 120 个缸、95 个装置的设计任务，其中不乏武汉 80 万吨乙烯"三机"、燕山丁基橡胶装置的三套压缩机、大唐阜新四万空分压缩机组那样的重大任务。2012 年设计三室被评为"辽宁省优秀班组"，他们还获得了"全国工人先锋号"的殊荣。

姜妍表示，"在未来，我们绝不当跟随者、模仿者，要做领跑者、领军者。身为'老先进'国企的技术人员，我会瞄准世界科技前沿，把我们的产品从高速增长阶段转向高质量发展阶段，推动更多的‘中国制造’走向‘中国创造’，为建设创新型国家做出自己的贡献。”

最亏欠的还是女儿

姜妍有着一个普通而幸福的家庭，爱人也是沈鼓集团做设计的教授级高级工程师，他们相知相爱，相扶相持，在“感动沈鼓人物”评选中，姜妍夫妇被誉为“最佳伴侣”。

说起爱人，姜妍一脸幸福。她直言，不管是工作上还是生活中，丈夫永远是自己背后最坚实的依靠。他点点滴滴的爱，总是让她倍感温暖。

○ 姜妍在延安学习留影

○ 姜妍生活照

姜妍回忆起2008年的一件事时，心里总感觉暖暖的。“那时，我刚完成重大乙烯机组首台乙烯压缩机的设计任务，产品在厂内试车时一切正常，可到了用户现场却发生了主轴弯曲。这种状况在当时，让我遭到了各种质疑。如果处理不当，很有可能会给用户造成每天上百万元的损失，甚至出现全部退货的严重后果。”

姜妍说，“当时我的压力特别大，每天都吃不下饭。我的爱人看在眼里，急在心里。有一天，我在书桌上发现了他留下的一句话：‘姜妍，还记得大学的那场球赛吗？就是因为你不放弃，才能在最后反败为胜。不要怕别人怀疑你，我永远支持你。’当时我看到这句话时，眼泪马上就流出来了，心里太感动了。”

正是在爱人的鼓励下，姜妍振作了起来，全身心地投入大量的分析和研判工作中，查阅了大量的资料，经过上百次的分析、论证和和缜密的答辩、研讨后，改进的方案终于得到了用户的认可。

“我的爱人永远是我最坚实的后盾。平时，我只需要列出孩子的周末安排时间表，他是非常好的司机。”外人眼中工作认真的劳模姜妍，谈到丈夫时显露出满满的爱意。

○ 姜妍作为十九大代表参会留影

作为一个母亲，对女儿的亏欠也许更多。2013年，女儿重感冒住院挂点滴，作为母亲她却因为惠州项目交流没能陪在女儿身边。在她的手机里仍然存着一条女儿发来的短信：“妈妈，我在雪地里等了40分钟公交车，车还没来，我都冻哭了，多想你来接我。”说到这，这位在全国获誉无数的工业女神眼中含着泪花。

有时出差时间长了，姜妍就拿出手机存留的女儿照片看看。她说，16岁的女儿已经1.7米高了，学习成绩还好，也很独立，拥有她是这辈子最大的成就和幸福。

“这辈子，我既然选择了一条吃苦的路，那我就会一直走下去。”姜妍说，人生本来就没有十全十美的事情，有快乐，也会有亏欠，但我依然会坚持自己的初心，继续前进。

正如姜妍所说，中国梦，是我们每一个人的梦。这位女科学家一直在追梦。今后，她将继续怀揣自己的梦想，在乙烯压缩机的路上大步前行。

王杜娟：映红盾构机半边天的“杜鹃花”

简　介

王杜娟（1978.3 —）现任中铁工程装备集团有限公司总工程师，教授级高级工程师。作为我国盾构机国产化研究的开拓者及产业化发展的重要参与者，她长期致力于盾构机国产化研究、开发、制造，在盾构机国产化研制方面做出了卓越贡献。

她，犹如一朵盛开的杜鹃花，凭借过人的智慧和顽强的毅力，12 年如一日坚守在设计一线，完成近百项技术攻关，先后荣获国家最美科技工作者、河南省科技进步一等奖、中国铁路工程总公司科学技术特等奖、河南省学术带头人等称号。

她，40 岁，却被同行敬称为国内盾构装备研发领域的“老专家”；她，一名看起来文静秀雅的女性，工作起来却是“拼命三郎”，跟着同事钻隧道、爬高坡、下井坑，走遍了国内地铁在建城市，攻克了多项世界性施工难题，用双脚绘画出自己的“产业报国梦”；她，工作 12 年，和团队一起完成盾构设计 700 余台，打破了 100 多年来只有发达国家才可以设计生产盾构的神话；她，怀揣着“装备中国，装备世界”的美丽梦想，历尽艰辛攻占国内 1/3 盾构市场，使中铁装备人“国内第一、比肩世界”的梦想提前开花。

她有个温柔的名字——王杜娟，面对“盾构机”这样动辄长百米、重数百吨的庞然大物，她不曾畏怯，从参与研发我国第一台“国产盾构”到研制出多台“世界之最”，她用柔弱肩膀扛起了中国民族盾构的大旗。

家境贫困，骨子里却不服输

王杜娟出生于陕西省扶风县一个世代农耕的家庭，是一个地地道道的农村姑娘。父母之所以给她取名“杜娟”，是希望她能有女孩子花一样贤惠温婉的性格，但从小生活的磨炼，却让她性格更加干练、直率，骨子里透露出一股我不比男孩子差、不服输的劲儿。

都说“穷人的孩子早当家”。从小，因为家里贫困，王杜娟早早就帮助父母分担农活和家务，下地干活、刷锅倒灶。可以说，童年里的大部分时间，她都是这样度过的。不过好在她聪明好学，勤奋上进，学习成绩一直名列前茅。

1997年，王杜娟走出黄土高原，考入了石家庄铁道学院机械工程学院工程机械专业。踏入校园，她感到无比的兴奋、激动。不过，她也渐渐感受到了继续学业的困难和艰辛。“因为家里穷，我大学四年的学费全部是靠父亲打工和母亲借钱筹来的。为了不给家里增加负担，我从大一就开始勤工俭学挣生活费，再加上每年的奖学金，大学四年除了学费我没再多要家里一分钱。面对困境，我只能选择坚持。”王杜娟回忆道。当时，她和另外两个同学一起承担起了女生宿舍6层楼的卫生打扫，

○ 王杜娟在检查机器

每人两层，扫楼道、冲厕所、擦玻璃……四年时间，1400多个日夜，她的两个同伴换了一拨又一拨，而王杜娟却一直坚持到大学毕业。“成绩优秀、有毅力、能吃苦”，这是王杜娟当时给辅导员留下的深刻印象。

○ 工作中的王杜娟能吃苦、有毅力

2001年7月，本有机会继续研究生深造的王杜娟，考虑到家里的困难选择了就业，被安排到中铁隧道集团工作。8年时间里，辗转隧道集团一处、中隧股份、设备制造公司等多个单位及岗位后，2009年12月，随着中铁隧道装备制造有限公司的成立，王杜娟再一次岗位履新。12年间，从见习生、助理工程师、工程师，一直到高级工程师；从设计员、所长、院长助理，一直到副院长，王杜娟在人生职场上完成了一次又一次的华丽转身，身份在变，职责在变，唯一不变的是她的坚韧、执着和献身中国中铁、振兴民族工业的追求与梦想。

不懈努力，成功研制出盾构机

初入职场的王杜娟刚开始工作并不顺利。刚到车间时，由于是女生，经常会被人认为一个女孩子吃不了什么苦。工作上，不是做表格，就是打扫卫生，比在大学时候还轻松。“如果一直这样下去，永远只能是个学徒工。谁说女子不如男，要想改变别人对自己的看法，首先就要自己对自己改变看法。”从小就很要强的王杜娟，暗下决心。

从此以后，车间少了一个“女娃子”，多了一个“小伙子”。每天上班，王杜娟都第一个来，最后一个走。修机器、拆零件、搬设备、开行吊，她都亲力亲为，一天下来，经常是一身油渍，满手黢黑，要不是扎着马尾辫，根本就看不出来是个女员工。当然，作为一名技术员，不能仅仅盯着工作的量，更要看重工作的质。工人师傅实践经验多，白天她就虚心向老师傅请教，遇到问题亲自动手，现场操作，晚上回到宿舍再翻开大学课本认真研究理论，刨根问底搞懂原理。凭借扎实的理论基础，再加上不断积累的实践经验，一年后的王杜娟被委以重任，成为全车间第一个女项目负责人，先后负责完成了南京地铁后配套碴车设计制造、开敞式混凝土罐车封闭式改造等项目。

2002 年 10 月，中铁隧道集团盾构机研发项目组正式成立，

◎ 王杜娟参加国家标准《土压平衡盾构机》第一次编制会议

大学刚毕业一年多的王杜娟成为项目组 18 位成员之一。“对于我们来说，别说研发盾构机了，很多人连见都没有见过。”回忆起当初的情景，王杜娟笑着说，盾构机是集机、电、液、气、传感于一体的大型自动化掘进设备，零部件有 1 万多个。当时没有技术，没有指导，一切都要从零开始。

研发项目启动后，王杜娟和同事们做的第一件事，就是看盾构机。国内凡是有地铁施工的城市，他们跑了个遍。他们钻到隧道内，和盾构机零距离接触。她介绍说：“当时的压力太大了，工作量大还不是关键，关键是不知道能否成功。企业投入 4000 万资金用于盾构机的研发，如果不成功，这些钱就打了水漂。”

而在技术上，方方面面都是难题。让王杜娟印象最深的是，盾构机压力平衡系统内的管路直径大小，需要依据气压大小来确定。为此，他们无数次地模拟和计算。为了印证得出来的数据，他们就去南京正在施工的地铁隧道求证。到了南京的施工现场，结果，人家不让女同志进隧道。为此，王杜娟跟项目经理交涉了很长时间，对方坚持只让她看照片。而王杜娟知道，照片得来的数据有误差，必须进现场。无奈之际，我就对这个项目经理说：“你如果不让我进，就毁了民族工业。”就这样，我总算下了隧道。

经过两年的不懈努力，2008 年 4 月，王杜娟和她的同事们终于成功研制出我国第一台拥有自主知识产权的复合土压平衡盾构，其整机性能达到国际先进水平，多项关键技术达到国际领先水平，填补了我国在这一领域的空白。

◎ 王杜娟获得第六届“中国中铁十大杰出青年”称号

设备随后被应用到天津地铁项目。业主单位起初以为是台进口盾构，便将这台机器用在施工难度最大的标段，地表以上是渤海大楼、张学良故居、瓷房子等组成的历史文化街区。施工验收时，发现在各个施工标段中，这台盾构机的成绩最优，不但掘进速度快，地表沉降控制得也很好，沉降控制到了3毫米以内。这时，王杜娟和同事们才松了一口气，才敢告诉业主这是一台国产盾构机，而这台功勋盾构机也被命名为“中铁一号”，王杜娟为此获得河南省科技进步一等奖、中国铁路工程总公司科学技术特等奖。

○ 王杜娟参加《科技领军人才风采录》开播交响音乐会

在样机研制期间，王杜娟又先后负责了《盾构掘进机刀具刀盘与液压驱动系统关键技术研究及其应用》《盾构控制系统检测试验台的研制》《φ3.0开敞式挤压素砼小型盾构》《盾构机泡沫系统研制》等多个科研项目，共申请国家发明专利2项，实用新型专利6项，多个项目荣获河南省科学技术成果奖、“神华杯”中央企业青年创新奖等，王杜娟也被授予“河南省学术

○ 王杜娟（中）与同事们成功研制出我国第一台复合土压平衡盾构

带头人”称号。

2009年12月，中铁隧道装备制造公司成立，为王杜娟搭建了一个实现更大梦想的平台。两年间，王杜娟主持完成了重庆轨道交通9台硬岩盾构机、成都地铁17台盾构机、深圳地铁5台盾构机的设计任务；2012年，顺利完成马来西亚2台盾构机设计，实现了“中国中铁盾构机”冲出国门、走向世界的梦想。2013年4月，中国中铁号盾构机突破120台，达到128台。

2014年5月10日，习近平总书记来到中铁装备视察，王杜娟当面向总书记汇报他们研发的产品。“当时总书记对我们说，装备制造业是一个国家制造业的脊梁，希望我们掌握更多的核心技术，让中国品牌叫响世界。”王杜娟说。

不断改进管理工作

2010年2月，王杜娟被任命为设计研究院副院长，除了分管总体设计等技术工作外，还要负责人事、行政等管理事务。当时的王杜娟满脑子都是公式、结构、原理，对管理工作还只是一个门外汉，她甚至认为只要把技术做精做透，管理工作就会顺理成章。

○ 王杜娟与同事讨论问题工作照

○ 王杜娟正在查找技术资料

然而，在她上任3个月后发生的一件事，却深深地触动了她的神经，也促使她重新审视管理工作。2010年5月，一名入职近3年的员工向王杜娟提请辞职，这名员工无论是工作态度，还是业绩都非常优秀，是大家公认的好苗子。他的辞职在全院引起了不小的震动，当王杜娟找到这位员工了解原因时，他只说了一句话："我在我们这个团队里感受到的只有和谐，缺少竞争"。这句话，让王杜娟苦苦冥想了一个星期："一个和谐的氛围能否支撑起一个向上的团队？如何才能建立一套良性的竞争机制，避免优秀人才的流失？怎样才能给年轻员工一个更大的发挥平台和发展空间？"她将研究院所有的管理制度认真研究后发现，以研究院当前的管理体系，员工的岗位晋升仍以工作资历为第一要素，

○ 王杜娟也是一名优秀的管理者

员工的薪酬调整仍以年限为主要依据。全院接收的每一台盾构设计任务都由机电液流4个团队的几十名员工来完成，但团队中每个成员任务完成的多少、好坏缺乏评判机制，即使有评判也无奖惩……这些管理上的缺陷招招致命。“研究院要保持活力发展，必须改革现有大锅饭式的管理制度，推行绩效考核，实现能者上，庸者下”。经过近两个月的调研后，王杜娟在她编写的《设计研究院绩效考核改革实施方案》中写下了这句话，而这份报告也是她人生中第一份关于管理工作的方案报告。报告很快得到公司批复，同意以设计研究院为试点开展绩效考核，同时，任命王杜娟为院绩效考核改革小组组长，负责考核方案的制订、推广及落实。2010年7月，设计研究院绩效考核改革正式开始，“当改革推行时，你才真正感受到那种压力和挑战，绝不亚于当初的盾构样机制造。”王杜娟如是说。

“管理工作很难，但管理好了所带来的效益绝不逊于技术。管理和技术的本质相同，都需要创新和胆识。”这是担任管理工作以来，王杜娟感触最深的一点。

2011年年初，装备公司提出了一主多元的发展战略，工作之余，王杜娟开始思考研究院在科研开发领域的发展规划。“鸡蛋不能放在同一个篮子里”，她常这样对员工说，“研究院必须树立持续发展的意识，正确处理好当前发展与长远发展的关系。既要坚定信心，抢抓国内城市轨道交通建设高潮的历史新机遇，做大做强盾构设计研发这一传统优势；又要居安思危，清醒地看到当前盾构激烈的市场竞争态势，超前谋划，借助中国中铁的优势平台，围绕隧道与地下工程施工装备这一主线，适度开展多元产品开发。”为此，她提出研究院“两条腿走路”的发展规划。即在盾构研发上坚持“横向到边，纵向到底”的路线，一方面扩大盾构产品族系，实现土压平衡盾构、泥水盾构、大小直径盾构、矩形盾构等多类型多品种均衡发展，另一方面提升盾构产品品质，加快对电气、液压、流体系统、结构总体以及刀盘的优化设计和标准化工作，不断提高盾构产品科技含金量，以品质赢市场。而在非盾构产品研发上，以煤矿掘进设备、隧道施工设备为主要对象，开展安全、环保、节能、高效的煤矿巷道快速掘锚一体机、凿岩台车、湿喷机等产品的开发。

为适应此发展规划，2011 年 6 月，王杜娟迅速在全院开展组织机构改革，研究院更名为设计研究总院，在原有盾构 5 个专业所的基础上，进行人员分流，新成立煤机、TBM、隧道专用设备等设计研究所，并成立桩机分院。至此，设计研究总院形成了 8 个专业设计所，1 个专业设计分院的设计研发组织体系，一主多元的发展格局初步建立。近两年的发展实践证明，这条“摸着石头过河”的路走对了，不仅盾构产品品质不断提升，市场占有率节节攀高，其他研发设备也逐步完成设计制造，陆续推入市场。

创新无止境，秉承工匠精神

“最开始做盾构，只是因为当初的不甘心，希望能掌握核心技术造出中国人自己的盾构扬眉吐气。”这是王杜娟最初的梦想。

牢记总书记的嘱托，近年来，王杜娟和她的团队不断攻克技术难题，先后设计制造了世界最大直径矩形盾构机、世界最小直径硬岩 TBM、世界首台马蹄形盾构机、世界首台联络通道专用盾构机、15 米级超大直径泥水盾构机……一系列新产品的问世，不断刷新中铁装备创造的一项项纪录，实践着从“中国制造”向“中国创造”的跨越。

在王杜娟和她的团队的努力下，如今，中铁装备横向已形成“大”“小”“异型”不同断面以及土压、泥水、硬岩不同应用领域的全系列盾构机产品，纵向拓展了设计研发、设备制造、再制造、技术服务于一体的产业链条，产品直径可覆盖 0.3 ~ 18 米，产品遍布国内辽宁、北京、河南、四川、广州、广西、安徽等 40 多个省市自治区，引领中国隧道掘进机产业发展新方向。

在迅速占领国内市场的同时，王杜娟把目光盯向了国外市场。2012 年，由她主负责设计的两台盾构机出口至马来西亚，其中一台创造了最高月推进 347.2 米的马来西亚施工记录。凭借优秀的设计、过硬的质量和周到的服务，“中国盾构”逐渐在海外市

◎ 王杜娟参加2018年全国人民代表大会留影

场受到欢迎。2015 年，中铁装备在郑州签订了 6 台复合式盾构用于以色列特拉维夫轻轨红线项目。截至 2018 年，王杜娟和她的团队们设计制造的盾构机，已远销新加坡、马来西亚、印度、黎巴嫩、以色列、越南、韩国等 16 个国家。

2017 年，中铁装备产销量世界第一，但让王杜娟最开心的，是另外一件事——这一年，《全断面隧道掘进机术语和商业规格》等 5 项国家标准发布会在中铁装备国家 TBM 产业化中心举行。至此，王杜娟已经主编、参编各类标准 15 项，其中主编盾构机国家标准 5 项、行业标准 2 项。

国家标准的制定为中国掘进机与国际接轨提供了基础和保

证，也为国产掘进机在全球市场竞争增加了话语权。但王杜娟知道，要推动中国掘进机的国际化、品牌化，实现从“中国产品”向“中国品牌”的转变，重点是要加快掘进机行业国际标准的制定。标准是制高点、是话语权，更是核心竞争力。

“今天，中铁装备虽然是中国最大、全球第二的盾构机研发和制造基地，是世界上能够独立生产并拥有知识产权的三大装备企业之一，但我们的国际化之路还有很多工作要做，我们的盾构机质量还需要不断提升，这就给我们提出了更高的要求。”王杜娟说，要提升中国制造的质量水平，就必须加强基础研究和应用基础研究，大力弘扬工匠精神。

（本文部分图片由中国摄影协会会员张秋菊提供）